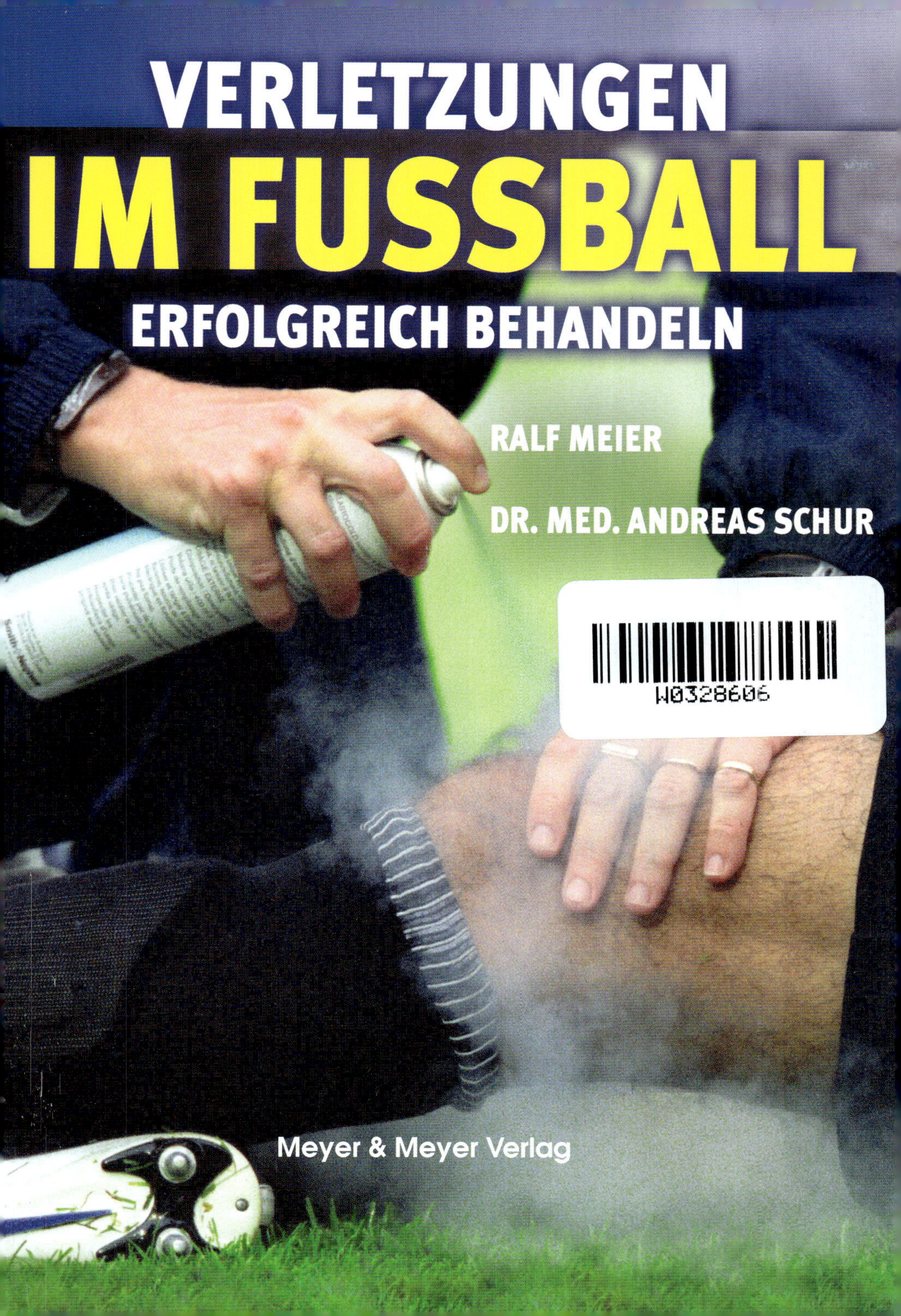

VERLETZUNGEN IM FUSSBALL

ERFOLGREICH BEHANDELN

RALF MEIER

DR. MED. ANDREAS SCHUR

Meyer & Meyer Verlag

Impressum

Projektmanagement:	Johannes Ebert, txt redaktion & agentur, Bonn
Autoren:	Ralf Meier Dr. med. Andreas Schur
Redaktion (Text):	Alexandra Minisdorfer, txt redaktion & agentur
Redaktion (Bild):	Traute Schürmann-Baetzel, txt redaktion & agentur
Satz:	txt redaktion & agentur

Bibliografische Information Der Deutschen Bibliothek
Die Deutsche Bibliothek verzeichnet diese Publikation in der Deutschen Nationalbibliografie; detaillierte bibliografische Daten sind im Internet über http://dnb.ddb.de abrufbar.

Adelaide, Auckland, Budapest, Graz, Johannesburg, New York, Olten (CH), Oxford, Singapore, Toronto
Member of the World
Sportpublishers' Association (WSPA)
Druck und Bindung: B.O.S.S Druck und Medien GmbH, Kleve
ISBN-10: 3-89899-174-1
ISBN-13: 978-3-89899-174-2
E-Mail: verlag@m-m-sports.com
www.dersportverlag.de

Vorwort

In den letzten Jahren ist der Fußball immer athletischer und kampfbetonter geworden. Schon in den unteren Spielklassen wird verbissen um jeden Ball gekämpft. Blessuren bleiben dabei oft nicht aus. Daraus kann jedoch nicht der Schluss gezogen werden, dass Fußball besonders gefährlich ist. Die meisten Verletzungsstatistiken werden deshalb von Fußballern angeführt, weil diese die mit Abstand größte Gruppe unter den Sporttreibenden bilden.

Lassen Sie sich die Freude an Ihrem Sport nicht verderben. Egal, ob Sie mit Ihren Freunden am Wochenende kicken oder zum Sprung in die Bundesliga ansetzen – es gibt viel riskantere sportliche Aktivitäten. Kommt es allerdings doch einmal zu einer Verletzung, gibt dieser Ratgeber einen Überblick über die wichtigsten Schritte, die zu einer möglichst raschen Heilung führen. Außerdem erfahren Sie, was Sie bereits im Vorfeld unternehmen können, um Verletzungen zu vermeiden.

Viel Spaß bei der schönsten Nebensache der Welt wünschen

Dr. med. Andreas Schur & Ralf Meier

Inhalt

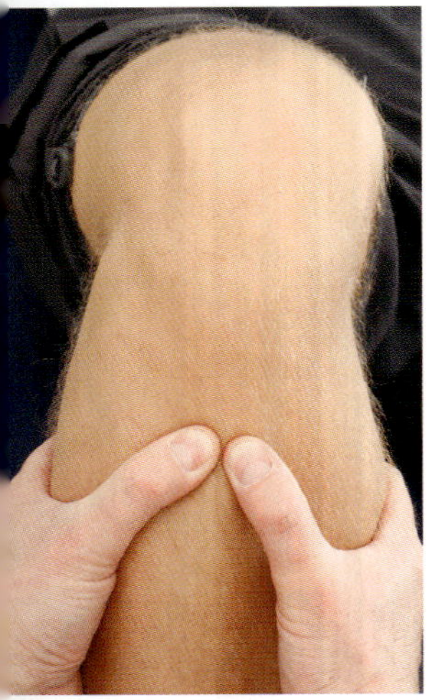

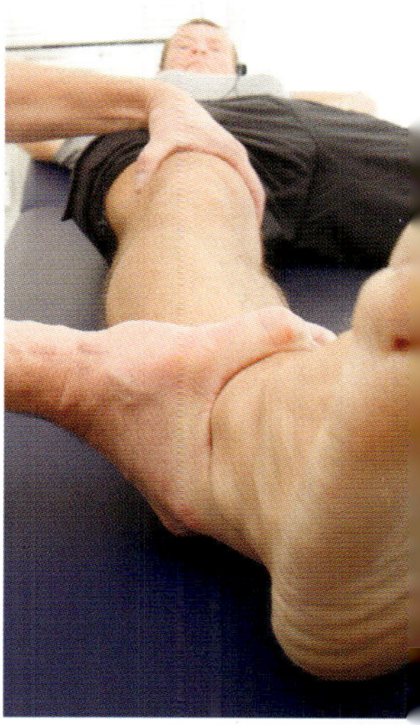

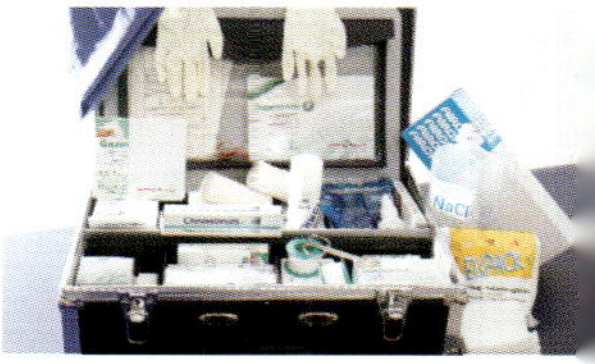

VIELE ARTEN VON VERLETZUNGEN

Alle Kräfte, die von außen auf uns einwirken, müssen durch den Körper abgeleitet werden. Bei ungenügendem Schutz – z.B. durch muskuläre Defizite oder ungünstige biomechanische Bedingungen – treffen diese Kräfte weitgehend ungefiltert auf den passiven Bewegungsapparat, wodurch Verletzungen entstehen können. Im Fußball gehören in allen Spielklassen Zerrungen, Verstauchungen und Bänderdehnungen zur Tagesordnung. Was sich genau hinter diesen Begriffen verbirgt, mit denen viele Fußballer im Laufe ihrer Sportkarriere konfrontiert werden, erfahren Sie auf den folgenden Seiten.

Prellung, Verstauchung, Zerrung – die Liste der Begriffe, die verletzte Fußballer bei der Diagnose von ihrem Arzt zu hören bekommen, ist lang. Die wenigsten wissen, was damit genau gemeint ist und wie sich diese Verletzungen auf die eigene Gesundheit sowie die sportliche Leistungsfähigkeit auswirken. Bevor wir uns den Behandlungsmöglichkeiten im Detail zuwenden, stellen wir deshalb zunächst die wichtigsten Verletzungsarten vor.

(1) Prellungen

Prellungen entstehen durch direkte stumpfe Gewalteinwirkungen.

Eine sehr häufige Verletzung, die durch direkte äußere Gewalteinwirkung verursacht wird, ist eine Prellung, auch Kontursion genannt. Prellungen können z.B. durch den Aufprall nach einem Sturz oder einen Tritt des Gegenspielers ausgelöst werden. Je nach Ort der Gewalteinwirkung werden Haut-, Muskel-, Gelenk-, Knochen- und Nervenprellungen sowie Prellungen der inneren Organe unterschieden. Durch die auftretende Gewebeschwellung bildet sich ein Bluterguss (Hämatom). In schweren Fällen tritt eine bedrohliche Drucksteigerung in unnachgiebigen Muskelbereichen auf. Bei diesem so genannten Kompartement Syndrom kommt es zur Selbstkompression von Muskeln, Nerven und Gefäßen, die ohne entsprechende operative Therapie (Druckentlastung) zu schwerwiegenden Dauerschäden und dem Absterben von Gewebe führen kann. Bei Fußballern ist der Unterschenkel besonders häufig von Prellungen betroffen.

Die wohl bekannteste Form der Muskelprellung bei Fußballern ist der „Pferdekuss“. Dabei bohrt sich das Knie eines Spielers während einer Abwehraktion mit Wucht in den Oberschenkel des Gegners. Das Ausmaß der sofort auftretenden Schwellung gibt Auskunft über die Schwere der Weichteilverletzung.

Im Kontakt mit dem gegnerischen Spieler, z.B. beim Kampf um einen Kopfball, ist die Gefahr, eine Prellung zu erleiden, besonders groß.

Verstauchungen

Von einer Verstauchung oder Distorsion spricht man, wenn gelenkstabilisierende Strukturen (z.B. Kapsel oder Bänder) durch indirekte Gewalteinwirkung überbeansprucht werden. Dies geschieht durch das typische Umknicken. Dabei können unterschiedliche Schweregrade unterschieden werden, von der elastischen Dehnung (Zerrung) über Aufspleißungen, Auffaserungen bis hin zur Rissbildung. Am Sprunggelenk, an den Knien, aber auch am Handgelenk und an den Fingern sind Verstauchungen bei Fußballern keine Seltenheit.

Verrenkungen

Bei entsprechender direkter oder indirekter Gewalteinwirkung, Umknicken oder sehr starker Stauchung (Schulter) können die fixierenden Strukturen (Bänder, Kapseln) entweder reißen oder massiv überdehnt werden. Dabei kann ein Gelenkknochen aus seiner natürlichen Lage verschoben werden, die Gelenkflächen trennen sich voneinander. Die abnormale Gelenksstellung bleibt bei einer Verrenkung (Luxation) auch nach dem Ende der Gewalteinwirkung bestehen. Die Finger von Torhütern sind von dieser Verletzungsform besonders häufig betroffen.

Ausgekugelte Gelenke dürfen nur von einem medizinischen Fachmann eingerenkt werden.

Bänderrisse

Der Unfallmechanismus bei einem Bänderriss ist der gleiche wie bei der Verrenkung. Allerdings wird dabei ein Gelenk so weit über das physiologische Maß hinaus belastet, dass die Bänder, die der Stabilität und Bewegungsführung eines Gelenks dienen, reißen. Wird das Standbein eines Fußballspielers, das durch das Körpergewicht fixiert ist, von einem anderem Spieler z.B. mit dem Stollenschuh am Unterschenkel getroffen, kann das fixierte Kniegelenk nicht ausweichen. Durch die Wucht des Aufpralls wird das Schienbein so stark verdreht, dass ein Riss des Kreuzbands im Kniegelenk unausweichlich ist. Je nach Schwere des Bänderrisses treten als Symptome Bluterguss, Schwellung sowie eine schmerzbedingte Bewegungseinschränkung auf.

Brüche

Direkte oder indirekte Gewalteinwirkungen von außen – z.B. die Grätsche eines Gegners oder ein unglücklicher

Sturz – können zum Bruch (auch Fraktur genannt) eines Knochens führen. Dabei kommt es zu einer kompletten Querschnittsunterbrechung des betroffenen Knochens mit mindestens zwei Bruchstücken. Verschobene Brüche lassen sich schon durch die Fehlstellung der Knochenteile erkennen. Kleinere, unverschobene Knochenrisse (Fissuren) äußern sich manchmal nur durch anhaltende Schmerzen und fallen erst beim Röntgen auf.

Jeder Knochenbruch muss so schnell wie möglich sachgemäß versorgt werden. Dazu gehört die Einrichtung und Fixierung in der richtigen Lage.

Sehnenrisse

Sehnen übertragen die Muskelkraft auf das Skelett. Sie sind in der Regel nicht annähernd so anfällig wie es durch Verletzungsberichte den Anschein hat. Die meisten Menschen kommen mit völlig intakten Sehnen durchs Leben.

Medizintipp

Bei Sehnenrissen muss sich der Betroffene mindestens vier Monate lang schonen. Um die Gefahr von erneuten Rissen zu minimieren, sollte das Auftrainieren sehr sanft und vor allem sehr langsam erfolgen. Nach Rissen von großen Sehnen, z.B. der Achillessehne, empfielt sich eine sportliche Belastung der betroffenen Körperpartie erst nach einem halben Jahr.

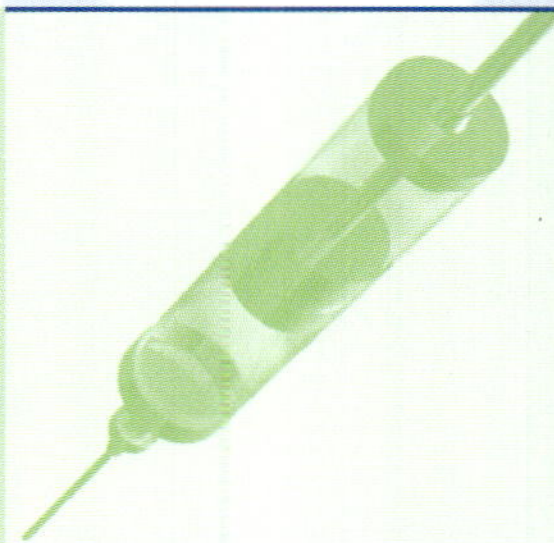

Regelmäßige hohe und physiologisch falsche Beanspruchungen können jedoch vorzeitige Verschleißprozesse auslösen, da Sehnen aus einem schlecht durchbluteten, potenziell nicht regenerierenden Gewebe bestehen. Summieren sich diese ungünstigen Belastungen im Laufe der Zeit, kann das tatsächlich dazu führen, dass eine ursprünglich einmal kräftige Sehne extrem anfällig für von außen einwirkende Kräfte wird. Dann reichen selbst vergleichsweise leichte Gewalteinwirkungen, um eine Sehne teilweise ein- oder komplett durchzureißen.

Beim Anprall eines Balles kann der Daumen des Torwarts leicht nach außen überdehnt werden. Im schlimmsten Fall reißt dabei das Band am Daumen-Grundgelenk.

Torwartdaumen

Analog zum bekannten Skidaumen, bei dem z.B. ein Sturz auf der Piste oder das Hängenbleiben in der Schlaufe des Skistocks zu einem abrupten Wegknicken des Daumens im Grundgelenk und damit zu einem Riss des Seitenbands führt, gibt es auch den Torwartdaumen: Biegt der auftreffende Ball den Daumen des Torwarts mit voller Wucht nach hinten, kann das den Fingern gegenüber liegende Seitenband (ulnares Band) reißen. Der Daumen schwillt danach im Grundgelenk an und kann regelrecht nach außen „wegklappen".

Strecksehnenabriss der Finger

Die Ursache ist meist gleich wie beim Torwartdaumen, nur kommt es bei dieser Verletzung zum Riss der Sehnen, die das Ausstrecken der Finger ermöglichen. Bedenkt man, dass gute Schützen den Ball auf deutlich mehr als 100 km/h beschleunigen, ist es kein Wunder, dass Sehnen und Bänder beim direkten Kontakt mit solchen Kräften über ihre Möglichkeiten hinaus beanspruchen werden.

Kleines ABC der Sportmedizin

dorsal ⇛ rückseitig, zum Rücken hin liegend

Femur ⇛ Oberschenkelknochen

Fibula ⇛ Wadenbein

kranial ⇛ kopfwärts

lateral ⇛ weg von der Körpermitte

lumbal ⇛ in der Lendenwirbelsäule

medial ⇛ zur Körpermitte hin

palmar ⇛ zur Handinnenfläche

plantar ⇛ Fußsohle

posterior ⇛ hinten

Pronation ⇛ Drehung von Hand oder Fuß nach unten

proximal ⇛ zur Rumpfmitte

Radius ⇛ Speiche

superior ⇛ oberhalb

Supination ⇛ Drehung von Hand oder Fuß nach außen

thorakal ⇛ in der Brustwirbelsäule

Ulna ⇛ Elle

ventral ⇛ bauchwärts

zervikal ⇛ in der Halswirbelsäule

Im Focus

Arzt-Patienten-Verhältnis

Generationen von Medizinsoziologen haben sich bereits mit dem Verhältnis zwischen Arzt und Patient befasst. Dabei wurde immer wieder deutlich, dass die Kommunikation zwischen diesen beiden Gruppen deutlich verbessert werden könnte. Die Patienten sind oft befangen und trauen sich nicht nachzufragen, wenn sie etwas nicht verstanden haben. Da keine Nachfragen kommen, gehen die meisten Ärzte davon aus, dass die erforderlichen Therapieschritte zufriedenstellend erklärt wurden.

Für eine möglichst schnelle Wiederherstellung nach einer Verletzung ist es jedoch wichtig, dass Sie die Art der Verletzung sowie alle zur Heilung erforderlichen Maßnahmen genau verstehen, da Sie selbst einen entscheidenden Anteil an deren Umsetzung haben. Aus diesem Grund ist falsche Scham völlig fehl am Platz. Es ist keine Schande, wenn Sie nicht wissen, was mit „Pronation“ gemeint ist oder den „Tractus iliotibialis“ für ein landwirtschaftliches Gerät halten.

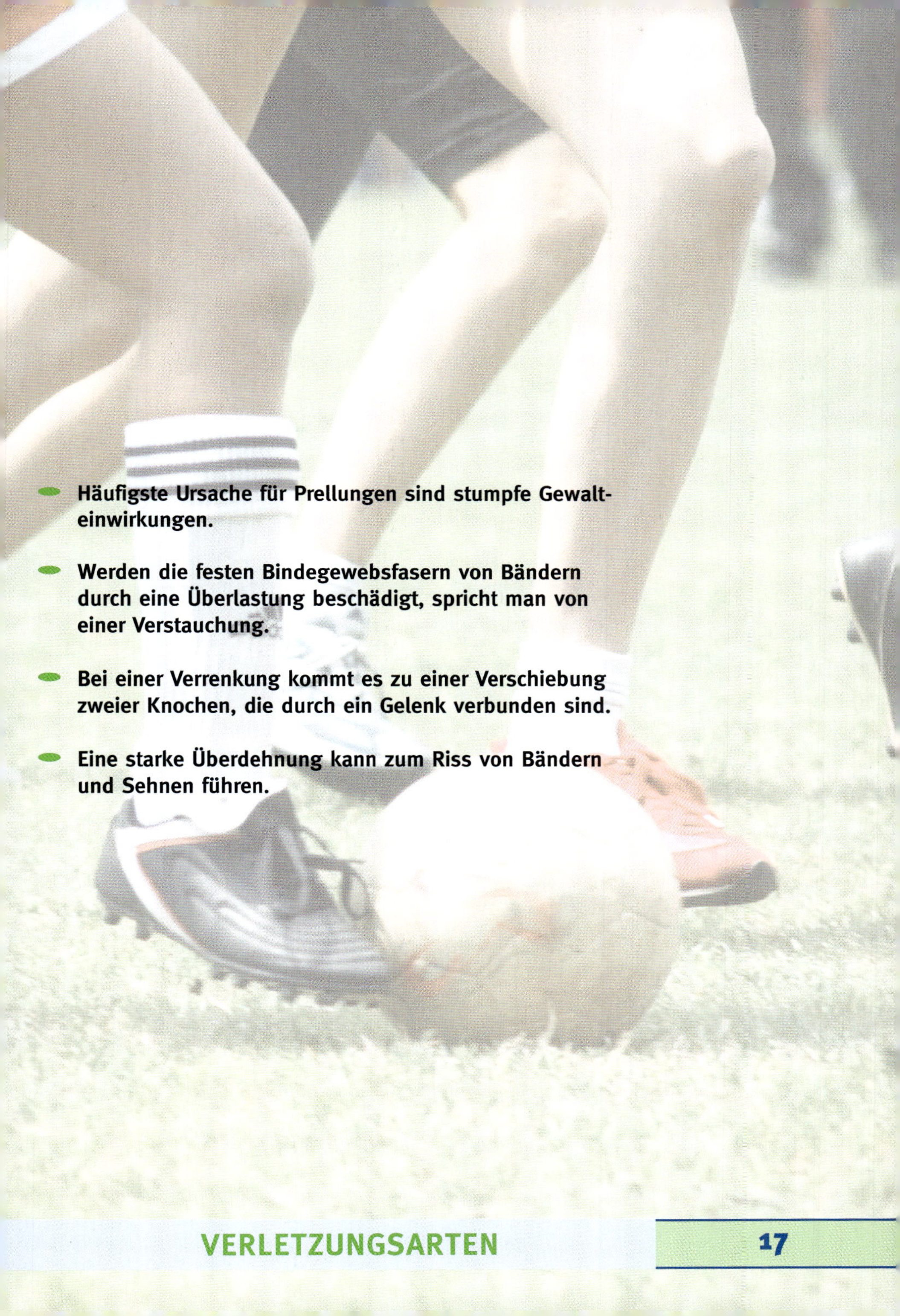

- Häufigste Ursache für Prellungen sind stumpfe Gewalteinwirkungen.
- Werden die festen Bindegewebsfasern von Bändern durch eine Überlastung beschädigt, spricht man von einer Verstauchung.
- Bei einer Verrenkung kommt es zu einer Verschiebung zweier Knochen, die durch ein Gelenk verbunden sind.
- Eine starke Überdehnung kann zum Riss von Bändern und Sehnen führen.

BEHANDLUNG HÄUFIGER VERLETZUNGEN

Anders als der griechische Held Achilles haben Fußballer mehr als nur eine Schwachstelle. Am häufigsten sind die unteren Extremitäten – besonders die Knie- und Sprunggelenke – von Verletzungen betroffen. Aber auch andere Körperbereiche werden beim deutschen Volkssport Nr. 1 stark strapaziert und sind nicht vor Blessuren gefeit. Die Mehrzahl der Verletzungen sind oberflächlicher Natur und erlauben nach einer kurzen Unterbrechung das Weiterspielen. Hin und wieder erleidet ein Spieler aber ernstere Verletzungen, die eine entsprechende Erstversorgung und fachmännische Weiterbehandlung erforderlich machen.

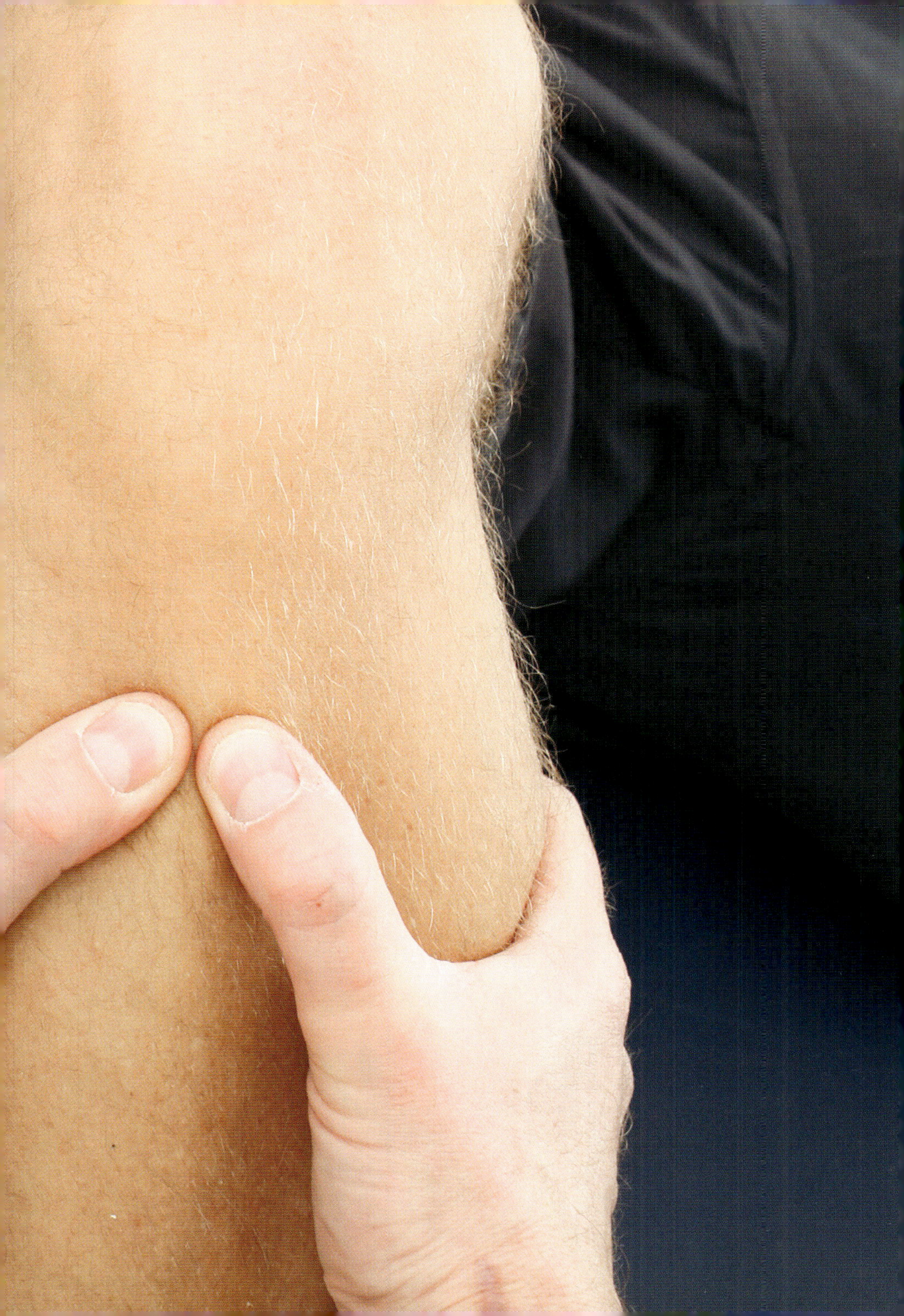

Hautverletzungen

Ein sachgerechter Verband besteht aus einer keimfreien Wundauflage und dem Befestigungsmaterial (z.B. Haftplaster oder Mullbinde).

Als äußere Schutzhülle des menschlichen Körpers ist die Haut besonders häufig von Sportverletzungen betroffen. Schürfwunden, Ablederungen oder Platzwunden sind auf dem Fußballplatz keine Seltenheit. Diese Hautverletzungen können sehr schmerzhaft sein, sind normalerweise aber harmlos und heilen in kurzer Zeit ohne äußere Hilfe ab. Größere Wunden müssen zunächst gereinigt, dann desinfiziert und schließlich mit einem sterilen Verband umwickelt werden. Denken Sie stets daran, dass eine Hautverletzung Krankheitserregern das Eindringen in den Körper ermöglicht: Bei Wunden besteht deshalb immer Infektionsgefahr.

Schürfwunden

Erstversorgung

Um die Infektionsgefahr zu reduzieren, sollte die Wunde oberflächlich mit einer Ringer- oder Kochsalz-Lösung gereinigt werden. Desinfizieren Sie die Wunde anschließend, z.B. mit einer Octenisept®-Lösung (brennt nicht), und decken Sie sie mit einer sterilen, nicht klebenden Wundauflage ab. Meist kann sofort weitergespielt werden.

Medizintipp

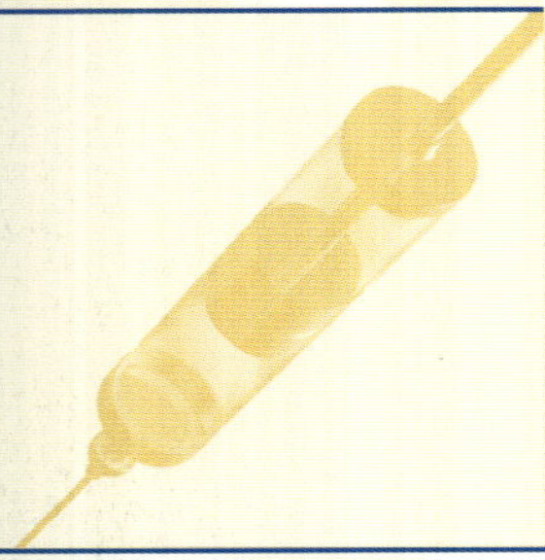

Es ist unvermeidlich, dass Fußballer während eines Spiels schwitzen. Werden Wunden in der Hitze des Gefechts lediglich mit einem normalen Pflaster abgeklebt, führt der Schweiß rasch zum Lösen des Befestigungsmaterials. Die Wunde sollte daher zusätzlich mit einer selbsthaftenden Binde, z.B. Haftelast®, umwickelt werden. Dann können weder Pflaster noch Gaze verrutschen.

Therapie

Im weiteren Heilverlauf muss eine Infektion ausgeschlossen werden. Gegebenenfalls sollte der Verband täglich gewechselt und die Wunde mit einem Antiseptikum, z.B. Octenisept®-Lösung oder Betaisodonna®-Salbe, gereinigt werden. Kontrollieren Sie den Tetanus-Impfschutz.

Hautablederungen

Von einer Ablederung spricht man, wenn Hautteile flächenhaft von ihrer Unterlage abgerissen werden. Bei dieser Verletzung spielt der Untergrund, auf dem gekickt wird, eine entscheidende Rolle. Während ein Fußballspieler auf Rasen problemlos einige Meter weit rutschen kann – z.B. nach einer Grätsche –, funktioniert das auf Asche- bzw. Betonplätzen oder in der Halle auf Kunststoff- bzw. Parkettböden nicht mehr.

Professionelles Verbandmaterial, wie Pflasterbinde oder Polsterung, sollte bei Fußballspielen immer bereit liegen.

Auf diesen Böden kann ein Rutschversuch schnell einige Quadratzentimeter Haut kosten. Gerade auf Ascheplätzen droht zudem eine erhöhte Infektionsgefahr durch die Verschmutzung der Wunde.

Erstversorgung

Da die Haut sehr gut durchblutet ist, gehen Ablederungen, bei denen ganze Hautstücke vom Körper abgetrennt werden, immer mit starken Blutungen einher. Die Erstversorgung besteht aus einer Reduzierung der Infektionsgefahr sowie einer lokalen Schmerzlinderung. Zunächst sollte die Wunde kurz mit einer Sprühlösung gereinigt werden. Ein paar Tropfen eines Lokalanästhetikums auf das betroffene Areal geträufelt, bringt meist innerhalb weniger Minuten Linderung. Anschließend wird die Wunde mit einer sterilen Wundauflage abgedeckt.

Leichte, kleine Schürfwunden heilen unter Bildung eines Schorfs am besten ab.

Bei kleineren Ablederungen kann der Spieler meist sofort weiterspielen. Handelt es sich um eine großflächige Wunde können Schmerzen oder eine reflektorische Kontraktion der unter der Wunde liegenden Muskulatur die Herausnahme aus dem Spiel erforderlich machen. Diese Entscheidung hängt in erster Linie von der individuellen Schmerztoleranz ab. Wenn der Spieler glaubt, weiterspielen zu können, gibt es aus medizinischer Sicht keinen Grund, ihn daran zu hindern.

Medizintipp

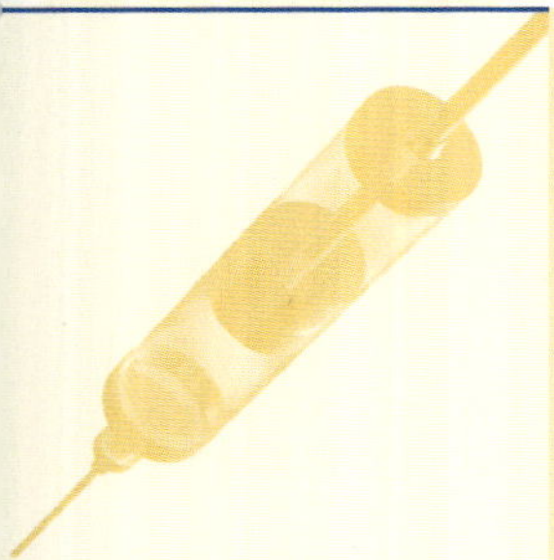

Bei Wunden mit starken Verschmutzungen – z.B. bei Ablederungen nach einem Sturz auf einem Ascheplatz – ist die Verwendung einer Ringerlösung (auch Locke-Ringer-Lösung genannt) bei der Reinigung besonders sinnvoll. Diese wässrige Lösung besteht aus Natriumchlorid, Kaliumchlorid, Calciumchlorid und Natriumhydrogencarbonat. Die Zusammenstellung der Salze entspricht deren Konzentration im Blutserum.

Therapie

Passen Sie das Verbandmaterial an die Menge des Wundsekrets an. Bei schwach nässende Wunden verwenden Sie Fertigverbände und hydroaktive Wundverbände, bei stark nässenden Wunden Salbenkompressen sowie sterile Mull- und Flieskompressen.

Riss- und Platzwunden

Weiche Hautpartien werden durch stumpfe oder reißende Gewalteinwirkungen gequetscht und geprellt. Da die Haut unter dem dabei entstehenden Druck nicht ausweichen kann, platzt sie auf. Die daraus resultierenden Verletzungen weisen meist zerfetzte Wundränder auf.

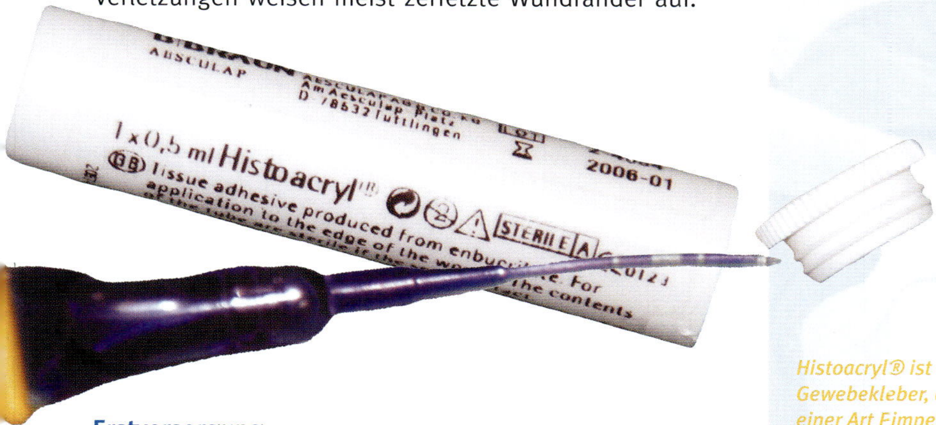

Histoacryl® ist ein Gewebekleber, der mit einer Art Fimpette aufgetragen wird und frische Hautwunden verschließt.

Erstversorgung

Die Reinigung des betroffenen Hautareals mit einer Ringer- oder Kochsalzlösung steht auch bei dieser Hautverletzung an erster Stelle. Anschließend wird die Wunde desinfiziert und mit einer sterilen Gaze abgedeckt. Ist ein entsprechend ausgebildeter Mannschaftsarzt zur Stelle, können kleinere und mittlere Wunden gleich vor Ort mit einem Gewebskleber, z.B. Histoacryl® oder Dermabond®, versorgt werden. Ein Wundverschluss kann, je nach Größe der Wunde, auch durch Klammern oder eine Naht erfolgen.

Dünne Hautpartien über Knochen und Knorpel – z.B. Schienbein oder Nasenrücken – sind besonders anfällig für Riss- und Platzwunden.

Bei großflächigen oder tiefen Wunden sollte unbedingt auf Anzeichen für einen Schock (siehe Kasten Seite 59) geachtet werden. Derart große Hautverletzungen sind zwar selbst bei einem so kampfbetonten Sport wie Fußball extrem selten, können aber nicht ganz ausgeschlossen werden. Erinnern Sie sich nur an die schwere Verlet-

Versuchen Sie auf keinen Fall, Riss- oder Platzwunden auszuwischen. Dadurch drücken Sie lediglich Verschmutzungen tiefer in die zerklüfteten Wundränder.

zung von Ewald Lienen, dem Norbert Siegmann im August 1981 mit dem Stollen den Oberschenkel aufritzte und ihm eine lange tiefe Risswunde zufügte. So große Wunden müssen umgehend operativ versorgt werden. Auf dem Platz sollte der betroffene Bereich nur steril abgedeckt und verbunden werden. Der Spieler muss ruhig gelagert werden. Versuchen Sie nicht, die Wunde vor Ort zu reinigen, dafür sorgt schon die Blutung. Größere Blutverluste können durch einen Kompressionsverband und Kühlpacks reduziert werden. Anschließend ist für die schnelle Einweisung in eine Klinik zu sorgen, wo die Weiterbehandlung unter sterilen Bedingungen erfolgen kann.

Therapie

Wie bei allen Hautverletzungen sollten Sie auch bei Riss- und Platzwunden darauf achten, ob der Tetanus-Schutz ausreicht. Lassen Sie den Impfschutz erneuern, wenn die letzte Impfung mehr als zehn Jahre zurückliegt.

Hitzeschäden

Hitzekollaps

So praktisch und sinnvoll das Schwitzen für die Regulierung der Körpertemperatur auch ist, es funktioniert nicht immer. Es gibt eine Wetterlage, die den Schweißdrüsen einen Strich durch die Rechnung macht. Je höher nämlich die Luftfeuchtigkeit, desto weniger Schweiß verdunstet, weil die Luft kaum noch Flüssigkeit aufnimmt. Somit bleibt der wichtige Kühleffekt aus. Der Organismus versucht alles, um die Temperatur konstant zu halten, doch die Regelmechanismen funktionieren bei diesen Bedingungen nicht mehr optimal. Gleichzeitig kann man feststellen, dass die Gefäße, die knapp unter der Haut liegen, prall mit Blut gefüllt sind. Auch dies geschieht, um Wärme abzugeben. Dieser Vorgang geht jedoch zu Lasten des Blutrückstroms zum Herzen. Dadurch sinkt die Menge an Blut, die das Herz pro Minute in den Kreislauf pumpt (Herzminutenvolumen).

Dieser Rückgang kann dazu führen, dass das Gehirn nicht mehr ausreichend mit Sauerstoff versorgt wird. Plötzlich auftretende Puls- und Atembeschleunigung, Schwindelgefühle und Sehstörungen oder Ohrensausen sind die ersten Anzeichen für einen Hitzekollaps. Sind die Außentemperaturen höher als die Körpertemperatur, ist auch ein Hitzschlag möglich, der im Einzelfall lebensbedrohliche Ausmaße annehmen kann.

Erstversorgung

Schwitzt ein Fußballspieler nicht mehr, obwohl sein Kopf knallrot anläuft, ist umgehend ärztliches Eingreifen erforderlich. Wenn kein Mannschaftsarzt am Spielfeldrand steht, muss sofort ein Notarzt gerufen werden. Legen Sie den Spieler umgehend bis zum Eintreffen des Notarztes in den Schatten und sorgen Sie für eine großflächige Kühlung, z.B. mit Kühlpacks oder kalten, nassen Handtüchern.

Therapie

Bei leichten Fällen von Hitze bedingtem Unwohlsein sollte der Spieler in der Kabine oder im Schatten kühl gelagert werden. Die Beine liegen dabei erhöht. Dazu gibt es

Durch vermehrte Schweißproduktion versucht der Körper die Haut zu kühlen und die Körpertemperatur zu senken.

eine Elektrolytlösung in Form eines Mineralstoffgetränks, das hoch dosiert Natrium enthält und in kleinen Schlucken getrunken wird. In diesem Fall ist eine erhöhte Natriumzufuhr durchaus erwünscht. Bei schweren Fällen eines Hitzschlags muss der Spieler bis zur völligen Wiederherstellung seiner Kreislauffunktionen unter Beobachtung in der Klinik bleiben.

Hitzekrämpfe

Weniger dramatisch als ein Kollaps oder ein Hitzschlag verlaufen Hitzekrämpfe, aber auch sie bedeuten im Normalfall das Ende des Trainings oder des Spiels. Sie treten auf, wenn die durch das starke Schwitzen eintretenden Flüssigkeits- und Mineralstoffdefizite nicht durch reichliches Trinken wieder kompensiert werden.

Anzeichen eines Hitzekrampfs

- schmerzhafte Muskelzuckungen
- feuchte, warme Haut
- leicht erhöhte Körpertemperatur

Erstversorgung

Dem Spieler reichlich Flüssigkeit mit hohem Salzgehalt zu trinken geben. Gleichzeitig sollte die krampfende Muskulatur aktiv gedehnt werden.

Therapie

Trinken, trinken, trinken – vorzugsweise mineralstoffreiches Wasser mit einem möglichst hohen Magnesiumgehalt. Bei starken oder wiederholt auftretenden Krämpfen kann auch eine Infusion sinnvoll sein. Um weiteren Krämpfen vorzubeugen, sollten Trainer und Betreuer darauf achten, dass die Spieler vor allem in den warmen

Monaten schon gut hydriert auf den Platz laufen und auch in der Pause sowie nach dem Spiel reichlich trinken. Eine halbe Stunde vor dem Spielanpfiff oder dem Training sollten Fußballer mindestens 200 ml Flüssigkeit zu sich nehmen. Neben mineralstoffreichem Wasser sind auch Apfelschorlen empfehlenswert.

Im Hochleistungssport, wo täglich zwei Trainingseinheiten auf dem Programm stehen, haben sich spezielle Elektrolytgetränke (Mineralstoffsalze) bewährt. Bei derart hohen Trainingsumfängen können die Mineralstoffverluste über die Nahrung und herkömmliche Getränke kaum gedeckt werden. Wird ein Spieler wiederholt von Krämpfen geplagt, muss der Trainingszustand mit Blick auf Kraftausdauer und Flexibilität (Dehnen) überprüft werden.

Die erforderliche Trinkmenge bei heißem Wetter liegt über den Tag verteilt um ein bis drei Liter höher als unter normalen Bedingungen.

Muskelverletzungen

Ebenso vielfältig wie die verschiedenen Muskeln des menschlichen Körpers ist auch das Verletzungspotenzial, das dieses Körpergewebe bietet. Zum Glück sind die meisten Muskelverletzungen lediglich schmerzhaft, aber nicht gesundheitsbedrohend. Dafür sind sie die wohl mit Abstand häufigste Verletzungsform. Das lässt sich bestenfalls schätzen, denn die meisten Schäden tauchen in kei-

Medizintipp

Kälte, Kompression und Hochlagerung verhindert die Bildung großer Blutergüsse nach einer Muskelprellung. Beginnen Sie mit diesen gefäßverengenden Anwendungen sofort nach der Verletzung. Dadurch kann die sportliche Pause meist deutlich verkürzt werden.

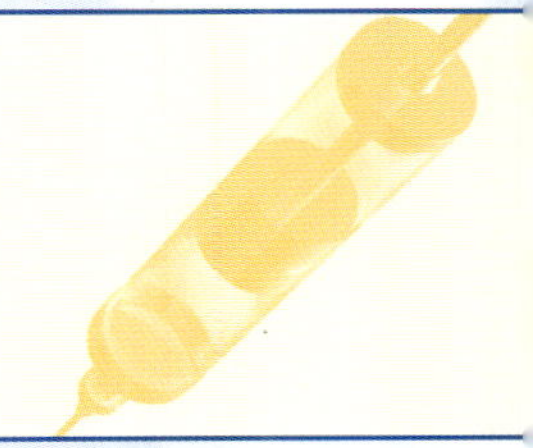

Muskelverletzungen gehören zu den häufigsten Sportverletzungen.

ner Statistik auf. Eine dieser weit verbreiteten Verletzungen begleitet uns von den ersten Gehversuchen bis zum Tod, doch kaum jemand geht damit zum Arzt. Gemeint ist der blaue Fleck. In medizinischen Fachbüchern heißt diese Verletzung Prellung. Natürlich bleiben auch Fußballspieler nicht davon verschont.

Muskelprellung

Im Alltag ist es die Kommode, die wieder einmal im Weg steht, auf dem Platz ist es das Knie oder der Ellenbogen des Gegners, mit dem ein Muskel unsanft zusammenprallt. Das schwächere Gewebe – also der Muskel – gibt beim Aufprall nach. Das Ergebnis ist ein Bluterguss.

Medizintipp

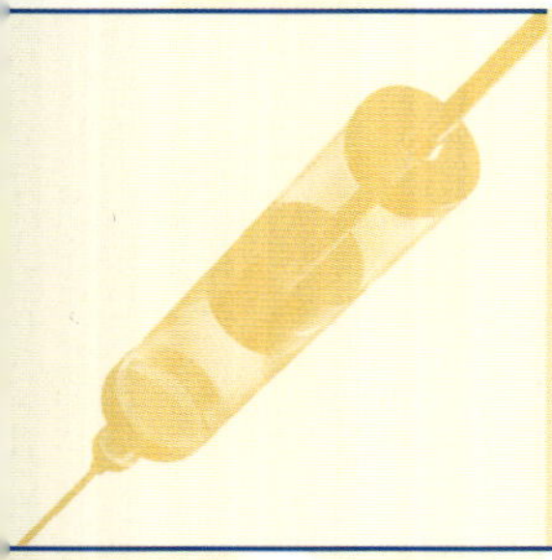

Abschwellende Salbenverbände unterstützen bei einer Muskelprellung den Abbau von Flüssigkeitsansammlungen im Gewebe. Normalerweise dauert die Absorbierung der Flüssigkeit drei bis zehn Tage. Mit Hilfe von Fibrinolytika – Medikamente, die das im Bluterguss geronnene Blut verflüssigen helfen – wird ein Bluterguss meist schneller abgetragen.

In der Praxis resultiert die Blutung, die den Bluterguss verursacht, meist aus dem Reißen einiger Faserbündel des betroffenen Muskels, so dass es oft schwierig ist, zwischen einer reinen Prellung und einem begrenzten Faserriss zu unterscheiden.

Erstversorgung

In der Hitze des Gefechts muss sich der Betreuer nach einem schmerzhaften Pferdekuss auch ein wenig nach dem

Befinden und der Einschätzung des betroffenen Spielers richten. Meist kann nach kurzer Kühlung des betroffenen Areals und dem Anlegen eines Kompressionsverbandes weitergespielt werden. Bei starken Schmerzen oder der sofortigen Ausbreitung eines großflächigen Blutergusses werden die gleichen Maßnahmen ergriffen, der Spieler sollte jedoch ausgewechselt werden.

Therapie

Das Ausmaß der Verletzung lässt sich von außen nicht abschätzen. Ein Abtasten ist meist unmöglich, da der Bereich oberflächlich immer stark schmerzempfindlich reagiert. Wichtiger ist der Zustand in den tieferen Gewebsschichten. Das lässt sich nur durch eine Sonografie (Ultraschalluntersuchung) einwandfrei abklären. Bei ausgedehnten Blutergüssen wird der Ultraschall oft zur Verlaufsbeobachtung eingesetzt. Sind mehrere Faserbündel von der Verletzung betroffen, gilt zunächst Sportverbot.

Ein bekanntes Hausmittel bei Prellungen ist Essigsaure Tonerde. Tränken Sie damit ein Tuch und legen Sie es auf die betroffene Stelle. Die Essigsaure Tonerde lindert die Schmerzen und lässt den Bluterguss rasch verschwinden.

Bei kleineren Verletzungen bleibt der Muskel für 48 Stunden bandagiert. Die Kompression wird tagsüber nur entfernt, um den Muskel mehrmals 20 Minuten lang zu kühlen. Bei großflächigen Prellungen wird der betroffene Bereich zusätzlich hoch gelagert.

Bluterguss (Hämatom)

Ein Hämatom entsteht, wenn unter der Haut aus einem Gefäß Blut ausgetreten ist. Es entsteht zunächst ein blauer Fleck, der sich durch die verschiedenen Abbaustufen des Blutes mit der Zeit gelblich und später bräunlich verfärbt. Neben diesen oberflächlichen, teils ausgedehnten Blutergüssen, die jeder von uns kennt und die sich vollständig wieder zurückbilden, gibt es auch tiefer gelegene, abgekapselte Blutungen, die als prall elastische Schwellungen erkennbar sind. Diese Form des Blutergusses bildet sich in der Regel nicht zurück und muss punktiert oder operativ entfernt werden.

Muskelfaserriss

Zu den Ursachen für das Reißen von Muskelfasern zählen Muskelermüdung und eine fehlerhafte Kommunikation zwischen Muskel und Nerven während der Belastung.

Ein Muskel besteht aus einer Vielzahl von Muskelfasern, die in Bündeln angeordnet sind. Alle Faserbündel eines Muskels sind von einer festen Hülle (Faszie) umgeben, die dem Muskel seine Form gibt. Sie bietet den Fasern im Alltag einen guten Schutz vor Kräften, die von außen einwirken. Doch auch dieser Schutz hat seine Grenzen. Bei heftigen Stößen von außen oder zu schnellen, starken Dehungen können die Fasern reißen. Erst wenn sehr viele Fasern betroffen sind, kann dies zu Einschränkungen der Kraft oder der Beweglichkeit führen.

Bei einem Muskelfaserriss muss der betroffene Bereich anhaltend gekühlt werden.

Bei kleineren Faserrissen werden weder die Muskelkraft noch das Bewegungsausmaß eingeschränkt. Allerdings ist ein Faserriss meist mit starken Schmerzen und einem mehr oder weniger ausgeprägten Bluterguss verbunden. Im Gegensatz zur Zerrung, der leichteren Form dieser Muskelverletzungsart, tritt der Schmerz bei einem Faserriss spontan auf. Bei einer Zerrung schwillt der betroffene Muskel erst allmählich unter Belastung an.

Ein Muskelfaserriss heilt immer unter Narbenbildung ab. Das Narbengewebe führt zu einer geringeren Elastizität des betroffenen Muskelabschnitts. Bei starker Narbenbildung steigt deshalb das Risiko eines erneuten Muskelrisses.

Erstversorgung

Der Muskel sollte sofort ruhig gestellt, hoch gelagert und lang anhaltend gekühlt werden, z.B. mit einem Kühlpack oder Natureis (nicht direkt auf die Haut geben). Das Anlegen eines Kompressionsverbandes ist sinnvoll, aber vergessen Sie nicht, durch den Verband weiterzukühlen.

Risikofaktoren für Muskelrisse

- Überforderung der Muskulatur durch zu viele Trainingseinheiten oder zu kurze Erholungsphasen
- zu kurze Aufwärmphasen
- Vorschäden der Muskulatur mit starker Narbenbildung
- Anlage zu Muskelverhärtungen

Therapie

Bei normalem Verlauf kann nach drei Tagen mit heilungsfördernden Maßnahmen begonnen werden. Dazu zählen Wärmebehandlungen, Ultraschallbestrahlung, Schmerzlaserbehandlung, leichtes Dehnen, Querfriktionsmassage (nur durch erfahrene Physiotherapeuten) sowie die Anwendung von Salben wie Heparin oder Chomelanum®. Nach Abklingen der Schwellung kann die Wiederaufnahme des Trainings durch einen sachgerecht angelegten Tapeverband beschleunigt werden. Die Beschwerden halten sich häufig über drei bis sechs Wochen, manchmal sogar bis zu drei Monate. So lange sollten intensive Belastungen unbedingt vermieden werden.

Ein schneller Antritt ist beim Fußball eine typische Situation für einen Muskelfaserriss.

Muskelriss

Der Muskelriss ist die Folgestufe des Faserisses und kann den gesamten Querschnitt eines Muskels erfassen. Er tritt ein, wenn die so genannte Elastizitätsgrenze des Muskels überschritten wird. Man spricht dann von einer „Paradoxen Selbstzerreißung“, weil der Eigenschutzreflex, der normalerweise eine Überdehnung des Muskels verhindern soll, in diesem Moment völlig aufgehoben ist.

Erstversorgung

Genau wie beim Faserriss lautet auch hier die Devise: ruhig stellen, hoch lagern und ausreichend kühlen.

Jeder Muskelriss benötigt genügend Zeit zum vollständigen Ausheilen.

Therapie

Die therapeutischen Maßnahmen sind gleich wie beim Faserriss. Die weitere Vorgehensweise ist abhängig von mehreren Faktoren: dem Ausmaß der Verletzung, der betroffenen Muskulatur, dem Alter des Spielers und natürlich dem Leistungsniveau. Auf Hochleistungsniveau ist eine Operation nahezu zwingend erforderlich, um die völlige Leistungsfähigkeit wieder zu erreichen. Ansonsten heilen selbst großflächige Risse meist ohne Operation komplikationslos aus, allerdings kann sich die Form des Muskels und damit auch seine Leistungsfähigkeit deutlich ändern.

Muskelkrampf

Hierbei handelt es sich um keine Muskelverletzung im klassischen Sinn, sondern um eine Funktionsstörung. Trotzdem kann ein Krampf nicht weniger schmerzhaft sein. Er kann im Zuge einer „Hitzeschlacht" auftreten oder völlig andere Gründe haben, die nicht einmal etwas mit dem Fußballspiel zu tun haben. Der direkte Auslöser von Krämpfen ist bis heute noch nicht geklärt, ausschlaggebend ist jedoch immer eine unzureichende Versorgung der Muskulatur mit Nährstoffen und Energie.

Risikofaktoren für Muskelkrämpfe

- hoher Flüssigkeits- und Elektrolytverlust
- unzureichendes Training
- zu enge Schuhe
- Kälte
- Krampfadern
- Infektionen

Erstversorgung

Die betroffene Muskulatur wird passiv gedehnt. Besonders effektiv ist die aktive Anspannung des Antagonisten (Muskelgegenspieler). Lockerungsmassagen sowie Wärmebehandlungen z.B. mit speziellen Salben helfen bei der Reduzierung des Muskeltonus. Mit Eintritt der Beschwerdefreiheit kann das Spiel wieder aufgenommen werden.

Therapie

Der Elektrolythaushalt spielt eine wichtige Rolle für die Kontraktionseigenschaften der Muskulatur. Bei erhöhter Krampfneigung, auch bei nächtlichen Wadenkrämpfen, sollte der Elektrolytstatus bestimmt und nötigenfalls supplementiert werden. Außerdem sollten orthopädische Defizite – z.B. Fußfehlstellungen – und muskuläre Dysbalancen – z.B. zu schwache oder verkürzte Wadenmuskeln – abgeklärt werden. Überprüfen Sie den Trainingszustand.

Um Muskelkrämpfe zu vermeiden sollten Sportler bei lang andauernden Belastungen, etwa während eines Fußballspiels, viel trinken.

Muskelkater

Muskelkater tritt acht bis 24 Stunden nach einer Überbeanspruchung auf und kann bis zu fünf Tage anhalten.

Diese Muskelschmerzen stellen sich nach ungewohnten Bewegungsabläufen oder zu intensiven Belastungen ein. Ursache dafür ist stets eine Überforderung des Muskels. Ein Muskelkater entsteht nicht – wie vielfach immer noch angenommen – durch eine Übersäuerung der Muskulatur, also einer übermäßigen Ansammlung von Milchsäure. Es handelt sich vielmehr um Mikrorisse von Muskelfasern.

Medizintipp

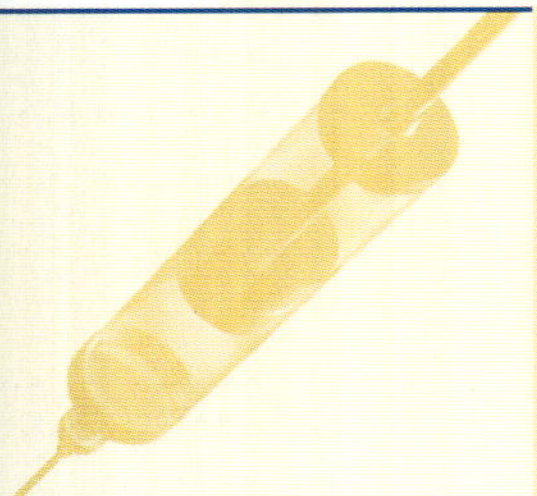

Gehen Sie zu Ihren Arzt, wenn ein Muskelkater nach etwa fünf Tagen nicht von allein abheilt. Der Fachmann kann schnell abklären, ob Sie sich nicht doch eine Zerrung oder sogar einen Muskelfaserriss zugezogen haben. Bei einem Muskelkater sind die Muskeln druckschmerzempfindlich, leicht geschwollen und meist verhärtet.

Erstversorgung

Der natürliche Heilungsprozess bei einem Muskelkater wird am besten durch Wärme sowie durchblutungsfördernde Maßnahmen unterstützt. Besonders bewährte Maßnahmen zur Förderung der Regeneration sind heiße Wannenbäder mit entsprechenden Zusätzen (z.B. Wacholder), Saunagänge, leichte Lockerungsübungen mit langsamen und kontrollierten Bewegungen, sanfte Dehnübungen und Schwimmen. Planen Sie anschließend eine Ruhephase und eine kurze Trainingspause ein.

Therapie

Therapeutische Maßnahmen sind bei einem Muskelkater nicht erforderlich. Sie sollten jedoch Ihr Training genau überprüfen und mögliche Defizite mit Hilfe eines Spezialisten beheben.

Kopfverletzungen

(13) Nasenbluten

Abgesehen von Bluthochdruck oder Blutgerinnungsstörungen ist der Auslöser von Nasenbluten meist ein direkter Schlag auf die Nase. Beim Fußball geschieht dies z.B. durch einen Zusammenprall mit dem Gegner oder durch den Aufprall des Balls.

Erstversorgung

Das Nasenloch wird mit Tamponade gestopft, die auf das beschädigte Gefäß drückt und die Blutung stoppt. Haben Sie keine Tamponade zur Hand, können Sie die Nasenflügel mit Daumen und Zeigefinger einige Minuten lang fest zusammendrücken. Legen Sie den Kopf dabei leicht in den Nacken. Unterstützend können Sie einen kalten Umschlag oder Eis auf die Nase oder den Nacken legen.

Nasenbluten entsteht durch geplatzte Blutgefäße in der Nasenschleimhaut.

Therapie

Im Normalfall ist eine Therapie nicht nötig. Das Nasenbluten lässt meist rasch nach. Schwerere Verletzungen des Nasenknorpels sind so schmerzhaft, dass sie kaum mit harmlosen Nasenbluten verwechselt werden können.

Nasenbeinbruch

Die Nasenbeinknochen sind besonders dünn und ragen zudem ziemlich ungeschützt aus dem Gesichtsschädel. Durch einen ungünstigen Kontakt mit einem anderen Spieler oder mit dem Ball können diese Knochen somit relativ schnell brechen. Meist kommt es bei einem Bruch auch zum Nasenbluten. Eine Schwellung der Nase kann ebenfalls auftreten. Die Abgrenzung zur Prellung des Nasenbeins ist entweder durch eine sichtbare Fehlstellung oder durch Röntgenaufnahmen möglich.

Erstversorgung

Sowohl bei einer Prellung als auch bei einem Bruch sollte die Blutung gestoppt und die Nase gekühlt werden. Bei einer Fehlstellung der Nase muss ein Facharzt aufgesucht oder der betroffene Spieler in die Unfallambulanz eingewiesen werden.

Therapie

Da die Knochenheilung in den meisten Fällen problemlos verläuft, ist eine Therapie nicht nötig. Bei verschobenen Brüchen richtet ein Arzt das Nasenbein wieder ein. Im Hochleistungssport empfiehlt sich das Tragen einer Gesichtsmaske zur schnelleren Rückkehr in den Spielbetrieb. Wie schnell ein Spieler mit Hilfe dieser Maßnahme wieder voll einsatzbereit ist, zeigt das Beispiel von Ebbe Sand. Der Stürmer von Schalke 04 erzielte mit einer solchen Spezialmaske bereits eine Woche nach seiner Verletzung ein Kopfballtor.

Gehirnerschütterung

Bei einer Gehirnerschütterung kommt es zu einem kurzen Funktionsausfall des Gehirns.

Ein heftiger Zusammenprall mit dem Gegner oder dem Ball kann auch zu einer Gehirnerschütterung führen. Dabei wird die träge Gehirnmasse so stark beschleunigt, dass sie gegen den Schädelknochen prallt. Natürlich ist jeder Schlag gegen den Kopf schmerzhaft und der Betroffene kann sich danach kurz benommen fühlen. Bei einer Gehirnerschütterung kommt es jedoch meist zu einer kurzen – manchmal nur einige Sekunden dauernden – Bewusstlosigkeit mit anschließender Verwirrtheit.

Eine Gehirnerschütterung zeigt sich in ganz charakteristischen Symptomen, die für den Fußballer das sofortige Spielende und einige Tage absolutes Sportverbot zur Folge haben. Dazu gehören Bewusstlosigkeit (wenn auch nur kurz), Schwindel, Erinnerungslücken, Übelkeit, Erbrechen und Kopfschmerzen.

Erstversorgung

Zunächst muss die Pupillenreaktion überprüft werden. Ungleich große Pupillen bei gleichzeitiger Bewusstlosigkeit können auf eine schwere Schädel-Hirnverletzung, eventuell sogar auf eine Hirnblutung, hindeuten. Der Spieler sollte in einem ruhigen und möglichst abgedunkelten Raum gelagert werden, da die Augen sehr lichtempfindlich reagieren können. Danach muss die Krankenhauseinweisung eingeleitet werden.

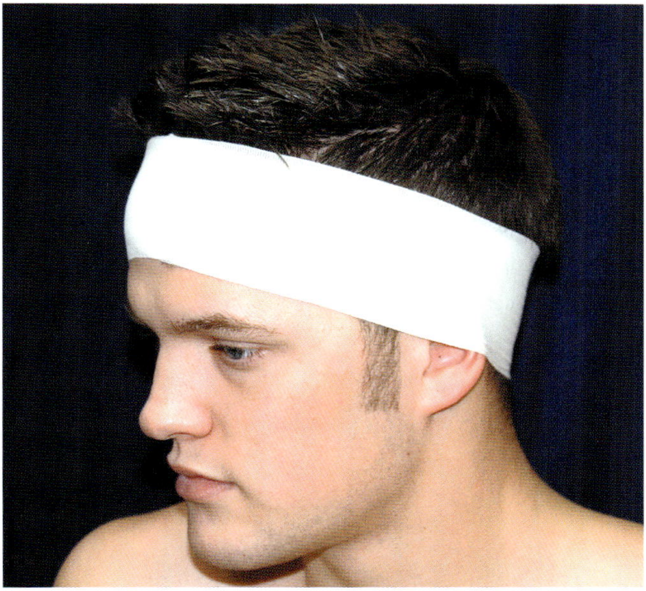

Abgesehen von einer blutenden Beule, die mit einem Verband versorgt wird, sind bei einer Gehirnerschütterung keine Verletzungen am und im Schädel festzustellen.

Therapie

Der Spieler wird stationär beobachtet, da eine Gehirnerschütterung mit einer Blutung einhergehen kann. Bei einer einfachen Gehirnerschütterung reichen einige Tage Bettruhe mit Reizabschirmung. Anschließend wird der Kreislauf wieder langsam aktiviert. Normalerweise heilt eine Gehirnerschütterung ohne anhaltende Beschwerden und ernsthafte Spätfolgen ab.

Im Focus

Infektionen

Die meisten Hautverletzungen, die beim Fußballspielen auftreten, sind harmloser Natur und lediglich sehr schmerzhaft. Allerdings kann es trotz rascher Desinfektion vorkommen, dass über die Wunde Keime in die Blutbahn gelangen und es somit zu einer Infektion kommt. Eine Infektion muss auf jeden Fall ärztlich behandelt werden.

Ein erstes, wichtiges Anzeichen für eine beginnende Infektion ist ein starkes Pochen im Bereich der Wunde, das sich deutlich vom typischen Brennen oder Stechen bei Hautverletzungen unterscheidet. Weitere Symptome sind eine Entzündung, Schwellung, Rötung oder ein Eiteraustritt. Bei diesen Anzeichen muss die Wunde noch einmal geöffnet und intensiv gereinigt werden.

Im schlimmsten Fall kann eine Wundinfektion zu einer Blutvergiftung führen. Ist die Infektion bereits fortgeschritten, kann die Einnahme eines Antibiotikums erforderlich werden. Bei stark verunreinigten Wunden besteht zudem die Gefahr einer Tetanusinfektion, wenn der Impfschutz nicht mehr ausreicht.

- Die wichtigsten Sofortmaßnahmen bei Hautverletzungen sind: Reinigung, Desinfektion und Anlegen eines sterilen Verbands.

- Eine ausreichende Flüssigkeitsaufnahme kann Hitzekrämpfen vorbeugen.

- Bei Muskelrissen lautet die Devise: Ruhigstellen, Hochlagern und Kühlen.

- Ursache eines Muskelkaters sind Mikrorisse von Muskelfasern.

Arme und Rumpf sind auf dem Spielfeld deutlich seltener von Verletzungen betroffen als die Beine. Dennoch bleibt die obere Körperhälfte nicht völlig verschont. Vor allem unkontrollierte Stürze, z.B. nach einem Foul oder einem heftigen Zusammenprall mit einem gegnerischen Spieler, können schmerzhafte Folgen haben. Ebenfalls unfallträchtig ist ein Aufprall mit hoher Wucht aufs Handgelenk oder auf den Ellenbogen. Elle und Schlüsselbein sind dabei besonders gefährdet, da sie relativ ungeschützt direkt unter der Haut liegen.

VERLETZUNGEN DER OBEREN EXTREMITÄTEN

Schultergürtel

Schlüsselbeinbruch

Harte Stürze auf den gestreckten, sich abfangenden Arm oder die Schulter sind die häufigste Ursache für einen Schlüsselbeinbruch. Auf dem Fußballplatz ist diese Verletzung keine Seltenheit. Meist bricht das Schlüsselbein in der Mitte, weil dort der Durchmesser am geringsten ist. Der Bruch des Schlüsselbeins ist meist ohne Röntgendiagnostik an der Fehlstellung zu erkennen. Dennoch sollte der Bruch geröntgt werden, um zusätzliche Knochenabsplitterungen zu erkennen.

Anzeichen eines Schlüsselbeinbruchs

- Schwellung und Schmerzen über dem Schlüsselbein
- sichtbare Fehlstellung
- Hämatombildung
- Einschränkung der Funktion, v.a. beim Heben des Arms

Neben Verkehrsunfällen sind Sportverletzungen die häufigsten Ursachen für Schlüsselbeinbrüche.

Erstversorgung

Nach einem Bruch des Schlüsselbeins mit einer Verschiebung der offenen Enden ist das Spiel für den verletzten Fußballer sofort beendet. Zur Schmerzlinderung kann der Arm vor dem Oberkörper mit einem Dreieckstuch und/oder elastischen Binden fixiert werden. Die Einnahme eines schmerzstillenden Medikaments kann sinnvoll sein. Anschließend erfolgt die Einweisung in eine Unfallambulanz zur Abklärung der Diagnose.

Unverschobene Brüche erlauben in seltenen Fällen ein Weiterspielen. Das zeigt das Beispiel von Franz Beckenbauer, der während der WM 1970 in Mexiko im Halbfinale gegen Italien die Zähne zusammenbiss und trotz eines Schlüsselbeinbruchs weiterspielte.

Mit Hilfe eines Rucksackverbands kann der Frakturbereich ruhig gestellt werden. Dadurch verringern sich die Schmerzen und die Knochenheilung wird beschleunigt.

Therapie

Standardbehandlung ist das dreiwöchige Tragen eines Rucksackverbands, der regelmäßig nachgespannt wird. Operiert wird meist nur, wenn ein Knochenende die Haut durchstößt oder durchstoßen könnte, bzw. wenn Nerven oder Blutgefäße beeinträchtigt sind.

Schultereckgelenks-sprengung

Der Unfallmechanismus ist ähnlich wie bei der Schlüsselbeinfraktur, allerdings kommt es hier nicht zum Bruch des Knochens, sondern zu einer Verrenkung des seitlichen Endes des Schlüsselbeins zum Schulterdach (Akromion). Dadurch wird der stabilisierende Band- und Kapselapparat

Bei einer vollständigen Schultereckgelenks-sprengung wird das Schlüsselbein völlig aus seiner normalen Stellung herausgehoben.

des Schultereckgelenks verletzt. Bei einer vollständigen Durchtrennung der Bänder, die das Schlüsselbein mit der Schulter verbinden, steht das äußere Schlüsselbeinende sichtbar hoch und federt nach dem Herunterdrücken wie eine Klaviertaste wieder zurück nach oben (Klaviertastenphänomen).

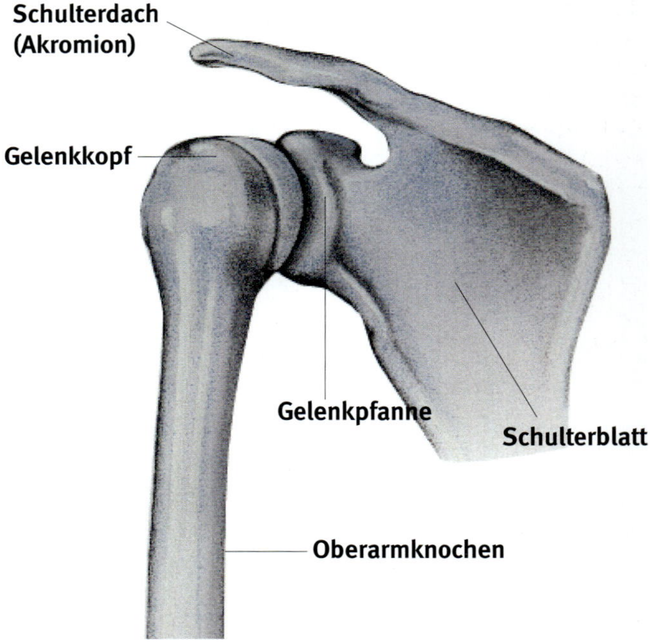

Schmerzstillende bzw. schmerzlindernde Mittel, so genannte Analgetika, können nach einem Knochenbruch bereits vor Ort verabreicht werden.

Erstversorgung

Die ersten Maßnahmen auf dem Platz sind gleich wie bei der Schlüsselbeinfraktur: Ruhigstellung des Gelenks, eventuelle Verabreichung eines Schmerzmittels und Organisation eines Transports in die Unfallambulanz.

Therapie

Abhängig vom Grad der Verletzung ist ein operatives oder konservatives Vorgehen möglich. Bei jungen, körperlich und sportlich aktiven Menschen kommen verschiedene operative Verfahren (z.B. Verschraubungen oder Drahtzugurtungen) zur Anwendung. Ist der Kapsel-/Bandapparat nicht vollständig gerissen, werden die beschädigten Strukturen meist der Selbstheilung überlassen. Analgetika und Eispackungen lindern die Schmerzen. Bis zur völligen Schmerzfreiheit erfolgt die Ruhigstellung des Schultergelenks mit einem Spezialverband (z.B. Gilchrist-Verband). Danach wird die freie Beweglichkeit der Schulter mit krankengymnastischen Übungen wieder aufgebaut.

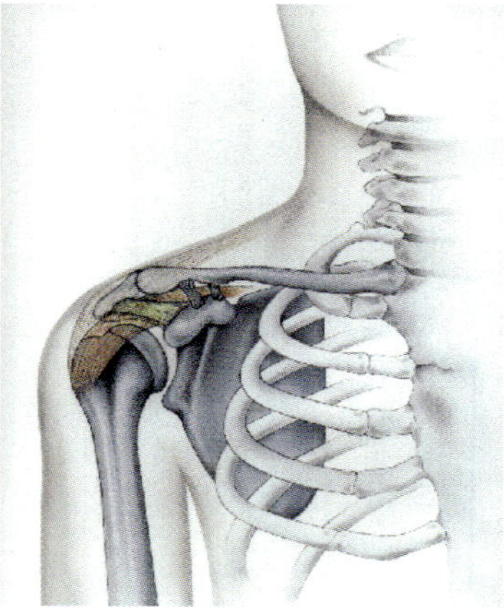

Eine trichterförmige Gruppe von Muskeln, die so genannte Rotatorenmanschette, hält den Gelenkkopf des Oberarms in der Gelenkpfanne des Schulterblatts.

Schulterverrenkung

Die Luxation (Verrenkung) der Schulter lässt sich zwar häufiger beim Handball beobachten, kann bei einem beherzten Zweikampf um den Ball aber auch Fußballer treffen. Die Ursache einer Luxation ist meist die Überdrehung des Arms, z.B. wenn der Gegner den Arm eines Spielers entgegen der Laufrichtung fixiert.

Verrenkt sich ein Fußballer die Schulter, springt der Gelenkkopf des Oberarmknochens aus der Pfanne des Schultergelenks.

Erstversorgung

Eine Schulterverrenkung – meist handelt es sich um eine Luxation nach vorn – ist ausgesprochen schmerzhaft und dadurch gekennzeichnet, dass der Arm nicht mehr seitlich angehoben werden kann. Zudem verliert die Schulter ihre übliche runde Form und wirkt plötzlich eckig und unförmig. Erste Maßnahme ist die Ruhigstellung des Gelenks, z.B. mit einem Dreieckstuch oder einem Schulter-

Spezialverband (Gilchrist-Verband). Abhängig vom Schmerzempfinden des betroffenen Spielers können Schmerzmittel verabreicht werden. Anschließend erfolgt die Einweisung in die Unfallambulanz.

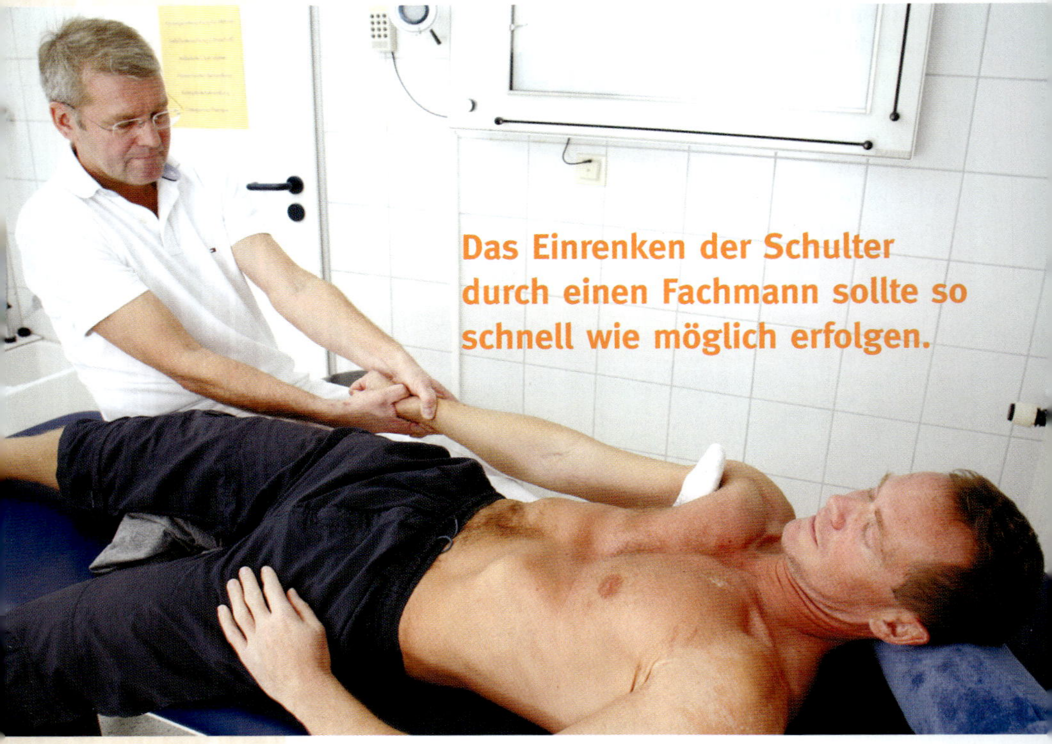

Das Einrenken der Schulter durch einen Fachmann sollte so schnell wie möglich erfolgen.

Therapie

Um knöcherne Verletzungen auszuschließen, muss die Schulter geröntgt werden. Die so schnell wie möglich durchzuführende Reposition (Einrenkung) kann nach Gabe eines starken Schmerz- und Muskel entspannenden Medikamentes häufig ohne Narkose erfolgen. Sowohl vor als auch nach der Einrenkung muss die Motorik, Durchblutung und Sensibilität geprüft werden.

Trainingstipp

Um Ihr Schultergelenk nach einer Luxation nicht zu sehr zu strapazieren, sollten Sie „Überkopf-Sportarten“ meiden oder sehr schonend ausführen. Falls Sie als Ausgleich zum Fußball also z.B. Golf oder Tennis spielen, ist vor allem nach einer konservativen Behandlung einer Schulterluxation besondere Vorsicht geboten.

Wurde das Gelenk erfolgreich eingerenkt, muss der Patient für etwa 14 Tage einen Gilchrist-Verband tragen. Zur Vorbeugung von Luxationen sollte die Muskulatur des Schultergürtels ausreichend trainiert werden. Bei wiederholten Verrenkungen kann eine Operation nötig sein.

Arme

Oberarmkopf- und Oberarmschaftbruch

Häufigste Ursache dieser Brüche sind Stürze auf die Schulter oder den gestreckten Arm. Bei jungen Spielern ist sowohl der schultergelenknahe Oberarmkopfbruch als auch der Oberarmschaftbruch, der meist durch eine stärkere Gewalteinwirkung auf den Arm entsteht, eher selten.

Erstversorgung

Zu den typischen Symptomen eines Oberarmbruchs zählen Schwellung, Hämatombildung, Fehlstellung sowie eine meist schmerzhafte Bewegungseinschränkung. Wie bei den Schulterverletzungen erfolgt zunächst eine Ruhigstellung. Dabei muss auf Nervenverletzungen geachtet werden, die zu einem Taubheitsgefühl und einer Lähmung der Hand („Fallhand“) führen können.

Bei einer „Fallhand“ kann der Patient seine Hand im Handgelenk nicht mehr aktiv strecken.

Therapie

Bei unkomplizierten Frakturen erfolgt die Ruhigstellung im Gilchrist-Verband. Ein Oberarmkopfbruch benötigt etwa zehn Tage, ein Oberarmschaftbruch sechs Wochen Ruhe. Komplizierte oder verschobene Frakturen bedürfen einer operativen Therapie.

Ellenbogenverrenkung

Das Ellenbogengelenk ist aus drei unterschiedlichen Teilgelenken zusammengesetzt: Das Oberarm-Ellengelenk zählt zu den Scharniergelenken, das Oberarm-Speichengelenk lässt sich als Kugelgelenk charakterisieren und das Speichen-Ellengelenk ist ein Radgelenk.

Ähnlich wie das Schultergelenk kann auch das Ellenbogengelenk durch einen heftigen Sturz auf den gestreckten Arm von einer Luxation betroffen sein. Meist wird der Ellenbogen dabei nach hinten überstreckt. Auch hier lässt sich die Diagnose meist schon aufgrund der sehr auffällig veränderten Gelenkskonturen stellen. Starke Schmerzen, eine rasche Schwellung und eine aufgehobene Beweglichkeit des Ellenbogens sind weitere Symptome.

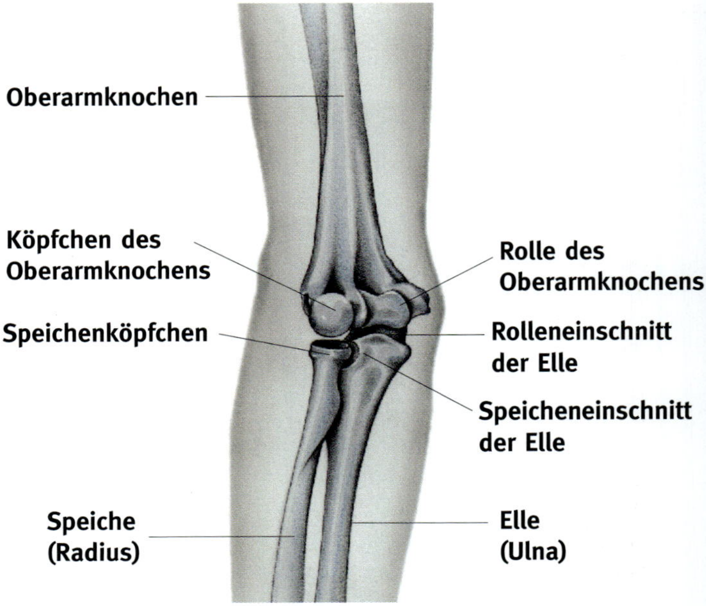

Erstversorgung

Der Arm wird mit Hilfe eines Dreiecktuchs oder – wenn vorhanden – einer Luftschiene ruhig gestellt. Wenn nötig kann ein Schmerzmittel verabreicht werden. Eine Kühlung des verletzten Ellenbogen bringt ebenfalls Linderung. Der Spieler muss sofort in eine Unfallambulanz transportiert werden.

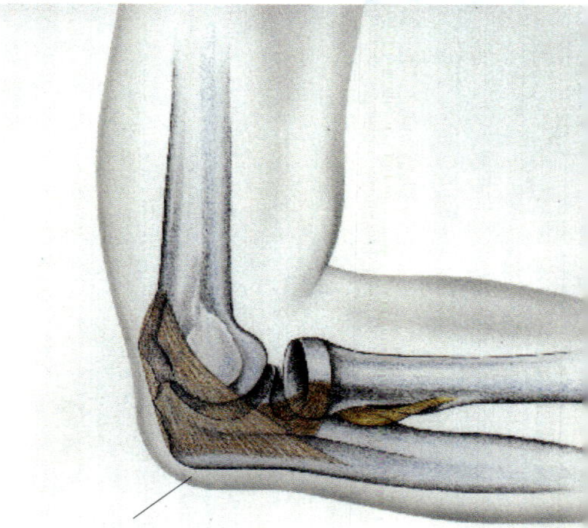

Therapie

Unter Zug und bei leichter Beugung wird das Ellenbogengelenk von einem Fachmann wieder eingerichtet. Die Repositionierung sollte möglichst schnell erfolgen und röntgenologisch dokumentiert werden. Um eine Verletzung der Bänder auszuschließen, wird die Stabilität des Gelenks überprüft. Sobald Bänder oder andere Weichteile wie Kapseln geschädigt sind, ist eine Operation unumgänglich.

Muskelansätze im Ellenbogengelenk

Unterarmbruch

Bei ellenbogennahen Unterarmbrüchen handelt es sich meist um Speichenköpfchen- oder Ellenhakenbrüche. Der Ellenbogenhaken (Olecranon) ist als Spitze beim stark gebeugten Ellenbogen gut sicht- und fühlbar. Als Ursache dieser Brüche kommen Stürze auf die Hand oder den Ellenbogen in Frage.

Erstversorgung

Anzeichen für einen Unterarmbruch sind Schmerzen, eine Schwellung des verletzten Bereichs sowie eine Fehlstellung des Arms. Zuerst muss der Bruch ruhig gestellt werden. Am besten eignet sich dafür eine Luftschiene. Durch Kühlung (z.B. mit Eisauflagen) werden die Schmerzen gelindert und die Schwellung verringert.

Ist ein gelenkbildener Teil des Unterarmknochens beschädigt spricht man von einem Gelenkbruch.

Nur mit einer Röntgenaufnahme lassen sich ein Bruch und mögliche Komplikationen eindeutig diagnostizieren.

Therapie

Die Therapie hängt von der Bruchform ab. Bei einem Bruch des Speichenköpfchens werden meist konservative Maßnahmen angewendet. Oftmals reicht eine einwöchige Ruhigstellung im Oberarmgips. Ein Ellenhakenbruch ist dagegen durch den Zug der Trizepssehne meistens verschoben und muss somit operiert werden. Um die Gefahr der Versteifung des Armes zu minimieren, sollte nach Abnahme des Gipses so schnell wie möglich mit individuell angepasster Krankengymnastik begonnen werden.

Unterarmschaftbruch

Erstversorgung

Der Unterarm muss mit Hilfe einer Luftschiene ruhig gestellt werden. Falls keine spezielle Schiene zur Hand ist, kann der Arm auch auf einem Brett geschient werden. Kühlen Sie den verletzten Bereich.

Therapie

Je nach Bruchtyp erfolgt auch bei einem Unterarmschaftbruch entweder eine Gipsruhigstellung oder eine Operation. Die Dauer der Gipsruhigstellung beträgt etwa fünf Wochen; nach einer Operation kann der Unterarm in der Regel frühzeitig wieder bewegt werden.

Kompartement-Syndrom

Nach Verletzungen, insbesondere nach Knochenbrüchen, können sich Flüssigkeitsansammlungen oder Ödeme bilden. Der dadurch entstehende Druck führt zu einer Gefäß- und Nervenkompression, die mit örtlichen Durchblutungsstörungen und Nervenschmerzen verbunden ist. In diesem Fall muss ein chirurgischer Eingriff so schnell wie möglich für eine Druckentlastung sorgen. Falsch angelegte Gipsverbände können ebenfalls ein Kompartement-Syndrom auslösen.

Handgelenksbruch

Stürze auf die ausgestreckte oder abgewinkelte Hand können zu schweren Verletzungen am Handgelenk führen. In den meisten Fällen ist die Speiche von einem Handgelenksbruch betroffen.

Unverschobene Frakturen werden konservativ behandelt: Das Handgelenk wird mit einem Spezialverband oder Gips ruhig gestellt.

Erstversorgung

Ein Bruch ist durch eine von außen deutlich sichtbare Fehlstellung des Handgelenks, eine Verbreiterung des Gelenks sowie eine schmerzhafte Schwellung gekennzeichnet. Auch bei diesem Bruch muss das Gelenk mit einer Schiene zunächst ruhig gestellt werden. Wenn möglich, sollte der verletzte Bereich gekühlt werden.

Therapie

Um eine sichere Diagnose stellen zu können, wird das Handgelenk geröntgt. Unkomplizierte, wenig verschobene Frakturen werden für drei bis fünf Wochen im Gipsverband ruhig gestellt. Verschobene Brüche müssen meist operativ eingerichtet und gegebenenfalls durch eine Drahtstiftung oder eine Platte fixiert werden.

Mittelhandknochenbruch

Die Mittelhandknochen sind die Verbindung zwischen Handwurzel und Finger.

Diese Verletzung entsteht in den meisten Fällen durch eine direkte Gewalteinwirkung, z.B. durch einen Tritt auf die Hand eines am Boden liegenden Spielers. Obwohl der Bruch eines Mittelhandknochens sehr schmerzhaft sein kann, wird im Eifer des Gefechts oft weitergespielt, da die Beweglichkeit der Hand kaum eingeschränkt ist. Besonders häufig ist der fünfte Mittelhandknochen, der den kleinen Finger mit der Handwurzel verbindet, von einem Bruch betroffen.

Erstversorgung

Wie bei anderen Brüchen auch zählen die Schienung und die Kühlung des betroffenen Bereichs zu den Sofortmaßnahmen. Die Hand sollte zudem am besten geschont und hochgelagert werden.

Therapie

Mit einer Röntgenuntersuchung wird genau untersucht, wie der Bruch verläuft. Bei unkomplizierten Frakturen wird der natürliche Heilprozess mit einer Gipsschiene unterstützt, die für mindestens drei Wochen getragen werden muss. Bei komplizierten oder verschobenen Brüchen ist eine Operation bzw. eine Drahtstiftung erforderlich. Nach der Entfernung des Verbandes trainieren krankengymnastische Übungen die Beweglichkeit des Fingers.

Fingerverletzungen

Besonders Torhüter sind von Fingerverletzungen häufig betroffen. Die Verletzungspalette reicht von der Verstauchung und Verrenkung über Sehnen- und Bandverletzungen bis hin zu Brüchen. Eine sofortige klare Unterscheidung zwischen den einzelnen Verletzungsarten ist auf dem Fußballplatz nicht immer möglich – dies bleibt der Röntgendiagnostik vorbehalten.

Erstversorgung

Bandverletzungen lassen sich durch eine Überbeweglichkeit in die Gegenrichtung (Aufklappen) diagnostizieren. Wird der Daumen nach hinten überstreckt, spricht man vom Torwartdaumen (siehe Seite 14). Eine Ruhigstellung ist hier die erste Maßnahme.

Eine Verrenkung äußert sich meist durch eine Fehlstellung im Mittelgelenk. Mit der entsprechenden Qualifikation kann das Gelenk vor Ort durch Zug und Gegenzug eingerichtet werden. Danach erfolgt die sofortige Ruhigstellung durch eine Fingerschiene (Stack'sche Schiene oder vorgeformte thermoplastische Schiene; falls nichts davon zur Hand ist, genügt ein Holzspat als Unterlage).

Die vier längeren Finger bestehen jeweils aus drei Fingergliedern (Grund-, Mittel- und Endglied), zwischen denen sich ein Gelenk befindet.

Deutliches Anzeichen für einen Strecksehnenabriss ist eine Beugefehlstellung im Endgelenk. Eine Streckung ist nach dieser Verletzung nicht mehr möglich. Die Ruhigstellung erfolgt in Überstreckung in der Stack'schen oder thermoplastischen Schiene.

Medizintipp

Tapeverbände (wie z.B. die Stack'sche Schiene) zur schnellen Wiederherstellung nach einer Verletzung dürfen nur von erfahrenen Medizinern oder Physiotherapeuten angelegt werden. Sie müssen das Ausmaß der Verletzung richtig einschätzen, damit es zu keiner weiteren Schädigung von Gefäßen oder Nerven kommt.

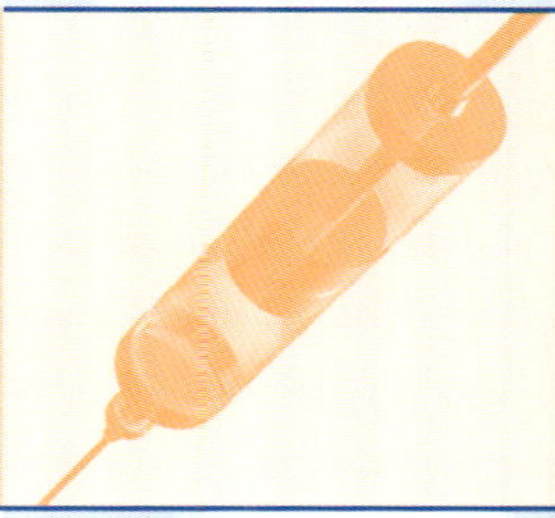

Therapie

Anders als diese Verletzungen lässt sich ein Bruch nur durch ein Röntgenbild nachweisen. Die Ruhigstellung erfolgt durch einen Gips oder eine Schiene. Bei komplizierten Brüchen erfolgt eine Operation oder Drahtstiftung.

Im Focus

Nichts überstürzen

Nach schweren Verletzungen, z.B. nach einem Knochenbruch, ist immer eine mehrwöchige Ruhigstellung nötig. In dieser Zeit kommt es im betroffenen Bereich sehr schnell zu einer deutlich sichtbaren Abnahme der Muskulatur. Es vergeht viel Zeit, bis die Muskeln nach der Wiederaufnahme des Trainings das alte Leistungsniveau erreichen. Der Organismus braucht diese lange Zeitspanne zur vollständigen Heilung der Bruchstelle. Das ist die Voraussetzung dafür, im Spiel wieder vollen Körpereinsatz zeigen und richtig gefordert werden zu können.

Überstürzen Sie daher die Rückkehr auf den Fußballplatz nicht. Ihre Mannschaftskollegen haben nichts davon, wenn Sie zwei Spieltage später schon wieder verletzt ausfallen, weil Ihr Körper noch nicht ausreichend auf die hohe Belastung eingestimmt war.

- Die Sofortmaßnahmen nach einem Knochenbruch sind: Schienung, Kühlung, Schonung, Hochlagerung.
- Zur sicheren Diagnosebestimmung müssen Brüche geröntgt werden.
- Unverschobene Brüche werden konservativ behandelt.
- Komplizierte, verschobene Brüche müssen operativ eingerichtet werden.

VERLETZUNGEN DER UNTEREN EXTREMITÄTEN

Die Beine sind das wichtigste Kapital eines Fußballers. Entsprechend pfleglich sollte er damit umgehen. Natürlich geht es im Eifer des Gefechts manchmal etwas härter zur Sache als es Muskeln, Sehnen und Bändern gut tut. Schwerwiegender sind allerdings Verletzungen an den Knochen. Auf dem Fußballplatz sind die Unterschenkel besonders bruchgefährdet.

Hüfte und Becken

Prellungen und Frakturen

Das Becken und die Hüftgelenke verbinden die Wirbelsäule mit den Beinen. Aufgrund des guten muskulären Schutzes sind ernsthafte Verletzungen in diesem Bereich eher selten. Als Ursache kommen direkte Gewalteinwirkungen durch einen Sturz oder den Tritt eines Gegners in Frage. In den meisten Fällen handelt es sich um schmerzhafte, aber harmlose Verletzungen, wie z.B. Prellungen. Schambein-, Beckenring- oder Schenkelhalsfrakturen sind zum Glück äußerst selten.

Das Becken ist ein fester Ring, der aus mehreren Knochen besteht. Der obere Teil des Beckens stützt die Eingeweide ab, der untere Teil schützt die Geschlechtsorgane, die Harnblase und Harnröhre sowie den Mastdarm.

Erstversorgung

Bei Prellungen mit Blutergussbildung steht die Kühlung mit Eis im Vordergrund, danach kann der Sportler wieder weiterspielen. Anders sieht es bei ernsthaften Becken- oder Hüftverletzungen aus. Oft fehlen anfangs äußere Anzeichen wie Bluterguss oder Schwellung. Charakteristisch ist jedoch ein starker Druck- oder Stauchungsschmerz, der in den Unterbauch und den Rücken ausstrahlen kann. Durch den starken Schmerz ist eine weitere Belastung des Spielers nicht mehr möglich. Innere Blutungen können einen Schock auslösen, der sich meist durch Blässe und kalten Schweiß andeutet (siehe Kasten). Besteht der Verdacht auf eine Fraktur im Becken- oder Hüftbereich ist umgehend ein Liegendtransport in das nächste Krankenhaus mit dem Rettungswagen erforderlich. Bei Anzeichen auf einen Schock müssen sofort die entsprechenden Erste-Hilfe-Maßnahmen eingeleitet werden.

Therapie

Mit Röntgenaufnahmen und einer Computer-Tomographie wird der Schweregrad der Verletzung bestimmt. Unverschobene, stabile Brüche heilen konservativ aus, verschobene Frakturen sowie Gelenkbrüche werden operiert.

Schock

Anzeichen

- **Unruhe, Nervosität, Angst**
- **blasse Haut**
- **kalte, meist schweißnasse Haut**
- **Frieren und Zittern**
- **im weiteren Verlauf Teilnahmslosigkeit, eventuell auch Bewusstlosigkeit**

Maßnahmen

- **über den Notruf 122 Hilfe organisieren**
- **Betroffenen ermutigen, trösten, betreuen**
- **Betroffenen hinlegen und warm zudecken**
- **Beine hoch lagern**
- **bei Bewusstlosigkeit und vorhandener Atmung: stabile Seitenlage**

Oberschenkel

Genau wie beim Becken schützt ein kräftiger Muskelmantel auch den Oberschenkel meist vor schwerwiegenden Verletzungen. Kleinere Blessuren in diesem Bereich machen jedoch gut 10 % aller Sportverletzungen aus. Oberflächliche Verletzungen wie Schürf-, Platz- oder Risswunden treten dabei am häufigsten auf. Schmerzhafte Prellungen („Pferdekuss“, siehe Seite 10) sind ebenfalls keine Seltenheit. Auch die Muskeln sind vor Verletzungen (Zerrungen, Faser- und Muskelrisse) nicht gefeit.

Die häufigsten Oberschenkelverletzungen sind Hautwunden, Prellungen und Zerrungen.

Adduktorenzerrungen

Bei plötzlichen Spurts oder schnellen Antritten werden die Adduktoren besonders stark belastet.

„Adduktoren“ ist eine Sammelbezeichnung für mehrere Muskeln, die den Oberschenkel zur Körpermitte ziehen – daher auch der Name Schenkelanzieher bzw. -anspreizer. Der Ansatz dieser Muskeln liegt am Beckenknochen. Von dort aus ziehen sie zum Oberschenkelknochen. Die Adduktoren sind im Fußball hohen Belastungen ausgesetzt. Durch eine Überanstrengung der Muskeln, Sehnen und Sehnenansätzen kommt es häufig zu Mikroverletzungen, die entzündliche Reaktionen – insbesondere an der empfindlichen Knochenhaut des Schambeinansatzes – hervorrufen können.

Medizintipp

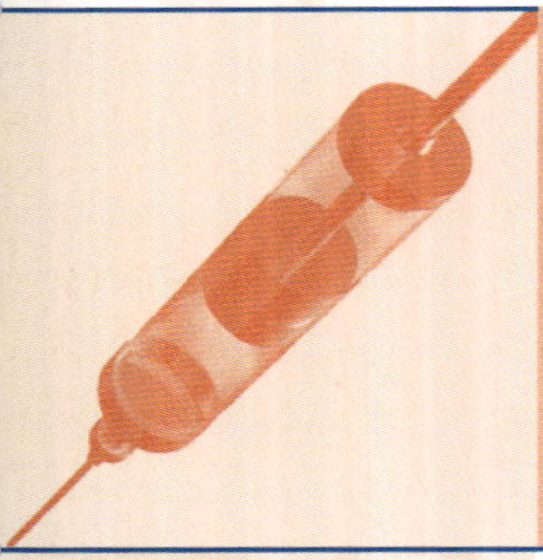

Anhaltende Leistenschmerzen bei Kindern und Jugendlichen, die zum Oberschenkel und mitunter bis in die Knie ausstrahlen, sollten nicht sofort als Zerrung oder Wachstumsschmerzen bagatellisiert werden. Durch eine fachärztliche Untersuchung können seltene, aber ernste Verletzungen, wie eine Wachstumsfugenlösung des Hüftkopfes oder eine Hüftkopfnekrose, abgeklärt werden.

Erstversorgung

Typisches Anzeichen einer Adduktorenzerrung ist ein Druckschmerz unterhalb der Leiste, an der oberen Innenseite des Oberschenkels sowie am Schambein. Außerdem tritt ein Schmerz auf, wenn das gestreckte Bein gegen den Widerstand des Untersuchers nach innen gedrückt wird. Nach einiger Zeit kann ein Bluterguss auftreten. In einigen Fällen lässt sich eine Delle ertasten. Die weitere Spieltauglichkeit hängt vom Ausmaß der Beschwerden ab. Die Kühlung des betroffenen Muskels bringt Linderung.

Therapie
Der verletzte Spieler muss sich für etwa drei Wochen schonen. Bei chronischen Beschwerden sollte ebenfalls eine längere Pause eingelegt werden. Der Spieler darf das Training erst wieder aufnehmen, wenn die Verletzung ganz auskuriert ist.

Günstig auf den Heilungsprozess wirken sich physikalische Therapiemaßnahmen und eine Schmerzlaserbehandlung aus. Auf die früher üblichen Kortisonspritzen sollte man verzichten, da hiermit keine Heilung, sondern nur eine Schmerzlinderung mit möglicherweise gravierenden Folgeschäden erzielt werden kann.

Abrissfrakturen an den Muskelansätzen

Durch eine plötzliche Überdehnung, z.B. bei einem besonders explosiven Antritt oder einer unkoordinierten Abwehrbewegung, können die Sehnenansätze verschiedener Oberschenkelmuskeln am vorderen Beckenkamm einen kleinen Teil des Knochens abreißen. In den meisten Fällen sind jugendliche Spieler von diesen knöchernen Sehnenausrissen betroffen.

Das Abbrechen eines kleinen Knochenstücks durch einen zu kräftigen Zug der daran fest gewachsenen Sehnen nennt man Abrissfraktur.

Kleinere Abrissfrakturen, z.B. am Außenknöchel, sind oft nur wenig schmerzhaft, weshalb das Spiel in Einzelfällen trotz Verletzung beendet werden kann.

Erstversorgung
Knöcherne Sehnenausrisse am vorderen Beckenkamm sind durch einen starken Druckschmerz des betroffenen Muskels bzw. Knochens gekennzeichnet, weshalb der verletzte Fußballer nicht mehr weiterspielen kann. Der Spieler wird ruhig gelagert und zur Weiterbehandlung in eine Unfallklinik eingewiesen.

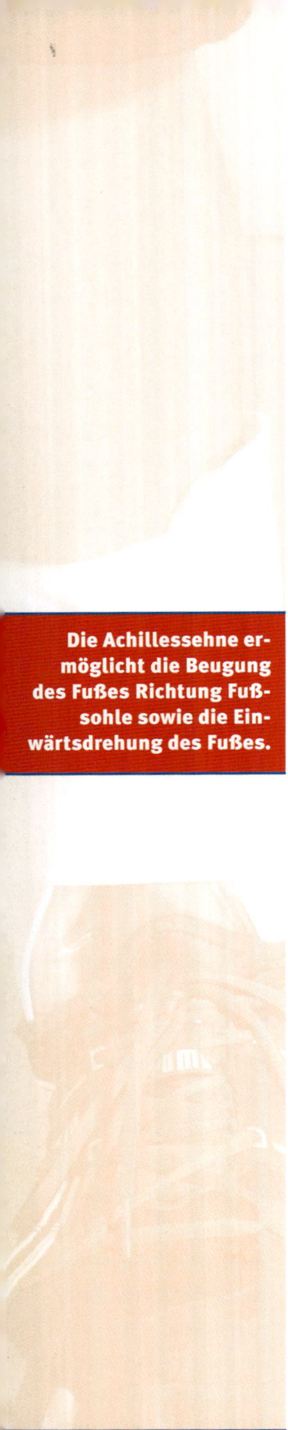

Therapie

Meist reicht eine konservative Therapie mit Lagerung des verletzten Beins in Entlastungsstellung. Bei größeren Verschiebungen erfolgt eine Operation, bei der die Knochenfragmente durch eine Verschraubung wieder an den ursprünglichen Platz gebracht werden.

Achillessehne

Die Achillessehne ermöglicht die Beugung des Fußes Richtung Fußsohle sowie die Einwärtsdrehung des Fußes.

Genau wie beim griechischen Helden Achilles stellt die Verbindung zwischen Ferse und Wade auch für Fußballer eine besondere Schwachstelle dar. Die schwerwiegenden Konsequenzen einer Achillessehnenverletzung zeigt das Beispiel Uwe Seeler: Nach einem Sehnenriss musste der Mittelstürmer 1965 eine sechsmonatige Pause einlegen und stand vor dem frühzeitigen Ende seiner aktiven Fußballkarriere.

Vor 40 Jahren gehörten Verletzungen der Achillessehne zu den größten Übeln des Fußballs. Noch immer stehen Entzündungen und Risse dieser Sehne in den Verletzungs-Statistiken ganz weit oben. Mittlerweile stellen moderne Behandlungsmethoden jedoch die Weichen für eine schnelle Rückkehr auf den Platz.

Sehnenentzündungen

Natürlich ist die Angst vor einem Riss der Achillessehne weit verbreitet. Diese schwere Verletzung ist jedoch selbst im Fußball nicht so häufig, dass man in ständiger Sorge um seine Gesundheit aufs Spielfeld laufen muss. Die weitaus meistens Fußballkarrieren enden mit intakter Sehne. Zudem steigt das Risiko eines Risses ohnehin erst jenseits des 30. Lebensjahres – und auch nur dann, wenn die Sehne zuvor bereits eine Vielzahl kleinerer Schädi-

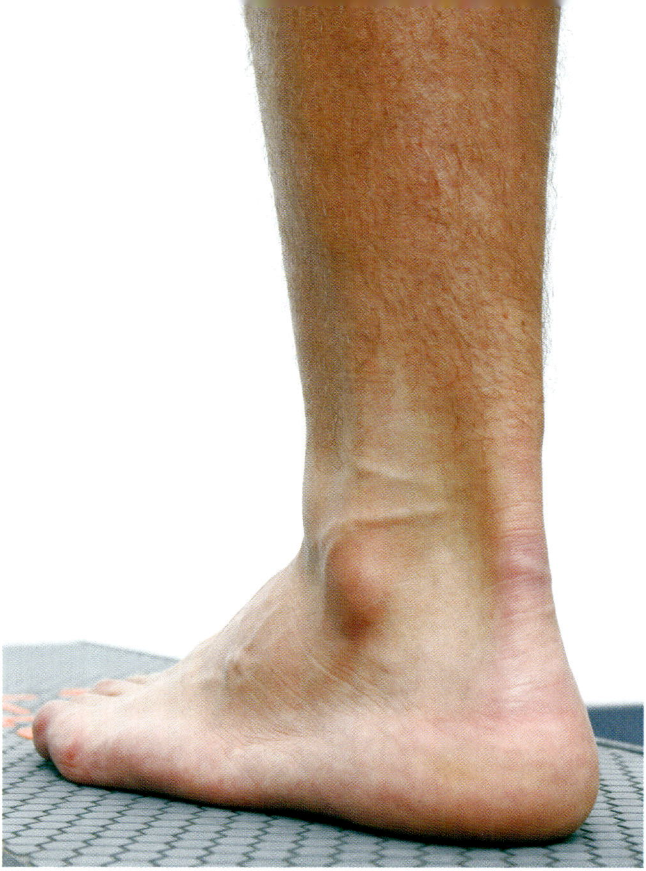

Die Achillessehne, die dickste und stärkste Sehne des Menschen, verbindet den Waden- bzw. Schollenmuskel mit der Ferse.

gungen erlitten und entsprechende verschleißbedingte Veränderungen durchlaufen hat. Eine gesunde Achillessehne ist so stark und belastbar, dass sie höchstens bei einem schweren Unfall reißen kann, nicht aber durch eine beherzte gegnerische Attacke oder ein Umknicken auf dem Fußballplatz.

Wahrscheinlicher ist, dass sich ein Spieler eine Entzündung der Sehne oder des Sehnengleitgewebes zuzieht, die sich durch eine chronische Dauerreizung bemerkbar macht oder als Akutschmerz während eines Spiels auftritt. Typisch für Überlastungsbeschwerden ist auch ein lokaler Schmerz bei der Belastung, der in der Erholungsphase nachlässt. Barfußlaufen erhöht die Schmerzen ebenfalls, während höhere Absätze Erleichterung bringen.

Die Achillessehne ist von einer reibungsarmen Gleitschicht, dem so genannten Sehnengleitgewebe, umgeben.

Bei einer Überlastung, die meist bei lauf- und springintensiven Sportarten auftritt, kann sich die Achillessehne leicht entzünden.

Erstversorgung

Fast immer ist eine deutlich ausgeprägte Schwellung der Sehne, meist knapp über der Ferse, sichtbar. Ein erfahrener Mannschaftsarzt kann den Klammergriff anwenden und bekommt damit bereits wichtige Informationen über die Verletzungsart. Die Sehne reagiert auf Druck schmerzempfindlich. Dabei wandert der Schmerz beim Strecken und Beugen des Fußes mit der Bewegung, sodass der betroffene Teil ziemlich genau bestimmt werden kann. Bei einer Entzündung des Gleitgewebes sind die Schmerzen hingegen nicht so genau lokalisierbar.

Um die Entzündung der Sehne nicht zu verschlimmern, sollte der Spieler unverzüglich ausgewechselt werden. Kühlende Eispackungen sowie spezielle Tapeverbände, die die Achillessehne entlasten, lindern die Schmerzen. Eine endgültige Diagnose kann auf dem Fußballplatz nicht gestellt werden.

Ursachen einer Sehnenentzündung

- unpassendes Schuhwerk
- falscher Trainingsaufbau, v.a. zu rasche Steigerung der Intensität und/oder des Trainingumfangs
- mangelhaftes Aufwärmen
- ungenügende Flexibilität

Therapie

Im akuten Entzündungsstadium ist Ruhe und Schonung die wichtigste Maßnahme, um die Beschwerden zu beseitigen. Eine Schonzeit von vier bis acht Wochen sollte unbedingt eingehalten werden. Sehr sinnvoll ist die Verordnung einer Sportschuheinlage mit Fersenerhöhung. Der Fersenkeil reduziert die Spannung der Sehne und wirkt dadurch entlastend.

Trainingstipp

Meistens ist eine zu schwache Wadenmuskulatur Auslöser einer Achillessehnenentzündung. Deshalb müssen die Waden gezielt trainiert werden. Hier eine einfache Übung: Stellen Sie sich mit den Zehenspitzen an den Rand eines Treppenabsatzes. Die Fersen sind in der Luft. Drücken Sie Ihre Fersen nach oben und spannen Sie dabei ganz bewusst Ihre Wadenmuskulatur an. Senken Sie die Fersen danach wieder in die Ausgangsposition.

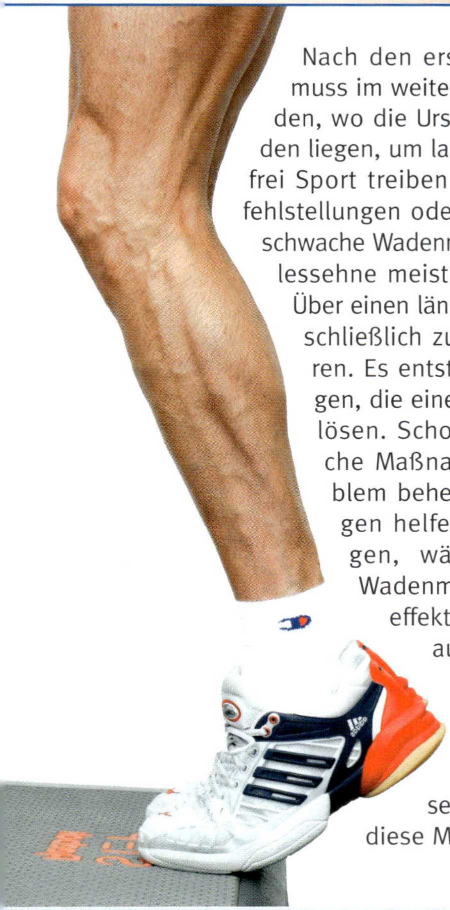

Nach den ersten Sofortmaßnahmen muss im weiteren Verlauf ermittelt werden, wo die Ursachen für die Beschwerden liegen, um langfristig wieder schmerzfrei Sport treiben zu können. Durch Fußfehlstellungen oder eine verkürzte bzw. zu schwache Wadenmuskulatur wird die Achillessehne meist asymmetrisch belastet. Über einen längeren Zeitraum kann dies schließlich zu einer Überlastung führen. Es entstehen winzige Verletzungen, die eine lokale Entzündung auslösen. Schon wenige, relativ einfache Maßnahmen können das Problem beheben. Bei Fußfehlstellungen helfen spezielle Schuheinlagen, während eine schwache Wadenmuskulatur durch wenige effektive Übungen problemlos auftrainiert werden kann.

Bei Sehnenentzündungen wird gerne und häufig Kortison eingesetzt. In Sportlerkreisen hat diese Maßnahme einen schlech-

Eine verminderte Durchblutung sowie bestimmte Infektionskrankheiten fördern die Ausbildung einer Achillessehnenentzündung.

Beidbeiniges Wadenheben stärkt die Muskulatur an der Rückseite des Unterschenkels.

ten Ruf, da es in der Vergangenheit immer wieder zu Sehnenrissen kam, die durch einen allzu lockeren Umgang mit dieser Medikamentengruppe mitverursacht wurden. Es ist tatsächlich so, dass Kortison das Sehnengewebe angreift. Es kommt zu einem „Schäleffekt“ an der Sehnenoberfläche. Das bedeutet aber nicht, dass ein Einsatz generell abzulehnen ist. Kortison darf nur nicht in die Sehne injiziert werden, sondern lediglich in das umliegende Gewebe. Das reicht völlig aus, um die Entzündungsreaktion zu unterbrechen.

Sehnenrisse

> **Bevor eine Achillessehne reißt, ist sie meist durch Über- und Fehlbelastungen schwer geschädigt.**

Es scheint den Spieler wie der sprichwörtliche Blitz aus heiterem Himmel zu treffen: Bei einem kraftvollen Antritt reißt die Achillessehne mit einem lauten, peitschenartigen Knall. Die rückwärtige Wadenmuskulatur hat keine Verbindung mehr zum Fuß. Laufen ist nicht mehr möglich, weshalb ein Riss der Achillessehne immer das sofortige Spielende für den betroffenen Sportler bedeutet.

Anzeichen eines Sehnenrisses

- **deutlich hörbarer Knall beim Riss**
- **starke, meist stechende Schmerzen im Bereich der Ferse**
- **Stehen auf der Zehenspitze ist nicht mehr möglich**
- **oberhalb der Ferse bildet sich eine Delle**

Selbst im Ruhezustand stehen Sehnen unter hoher Spannung. Sie halten den Muskel, an dem sie ansetzen, von mindestens zwei Seiten unter Zug. Reißt nun eine Sehne, zieht es den betroffenen Muskel sofort auf die andere Seite. Beim Riss der Achillessehne scheint die Wade

In den meisten Fällen reißt die Achillessehne an der schmalsten Stelle. In diesem Bereich wird die Sehne am wenigsten durchblutet und ist damit auch am schlechtesten versorgt. Diese Stelle kann man selbst gut ertasten: Sie befindet sich etwa 5 cm oberhalb der Hinterkante des Fersenbeins.

plötzlich viel näher an der Kniekehle zu sitzen. Außerdem kommt es zu einer mehr oder weniger starken Ausprägung eines Blutergusses. Wie stark der Bluterguss ausfällt hängt u.a. davon ab, wo die Sehne gerissen ist. Das Sehnengewebe selbst ist relativ schlecht durchblutet. Starke Blutungen deuten also darauf hin, dass auch der Muskel selbst oder umliegendes Gewebe in Mitleidenschaft gezogen worden ist.

Erstversorgung

Bei kompletten Achillessehnenrissen kann die Diagnose mit relativ hoher Sicherheit bereits auf dem Platz gestellt werden. Oberhalb der Ferse ist eine deutliche Delle tastbar. Durch die Wadenkompression kann der Fuß nicht mehr aktiv nach unten gestreckt werden. Zudem ist der verletzte Spieler nicht mehr in der Lage, auf dem betroffenen Bein auf den Zehen zu stehen. An der Rückseite des Sprunggelenks zeigt sich meist eine Schwellung.

Die Erstversorgung beschränkt sich auf die gleichen Maßnahmen, die man auch bei einer akuten Muskelverletzung anwendet: Kühlung der Fersen- und Wadenregion, Ruhigstellung und Hochlagerung des verletzten Beins. In jedem Fall empfiehlt sich die Verabreichung eines Schmerzmittels, denn ein Achillessehnenriss kann sehr schmerzhaft sein, auch wenn einige betroffene Sportler berichten, statt Schmerzen nur ein Taubheitsgefühl im Bein zu verspüren. Danach geht es auf direktem Weg in die nächste chirurgische Unfallambulanz.

Nach einem Achillessehnenriss muss das Auftreten auf das verletzte Bein vermieden werden. Ist keine Transportliege vorhanden, wird der Spieler beim Gehen gestützt.

Die Heilung der Achillessehne nach einem Riss dauert normalerweise sechs bis zwölf Wochen; die volle Sporttauglichkeit ist allerdings erst nach einem halben Jahr wieder hergestellt.

Therapie

Ein Achillessehnenriss sollte möglichst schnell operativ versorgt werden, da die Sehne sonst an Flexibilität verliert. Dadurch wird der Heilungsprozess zusätzlich erschwert. Das gilt natürlich ganz besonders für Leistungssportler, die möglichst schnell mit den ersten Reha-Maßnahmen beginnen sollten. Bundesliga-Kicker, denen die Achillessehne reißt, liegen wenige Stunden später schon auf dem OP-Tisch.

Während früher auf die Operation zwölf Wochen Gips in Spitzfußstellung folgten, sind die Verletzten heute schon nach kurzer Zeit mit Hilfe eines speziellen Orthesen-Stiefels wieder mobil. Beweglichkeitsübungen ohne Belastung stehen schon früh auf dem Programm, um unnötige Verklebungen der Sehne mit umliegendem Gewebe zu verhindern. Bis zur vollen Sporttauglichkeit muss ein halbes Jahr eingeplant werden.

Bei älteren Freizeit-Kickern wird dagegen immer öfter auf eine Operation verzichtet. Was früher undenkbar war – die Achillessehne wurde immer genäht – hat sich dank neuerer Therapiemethoden bewährt. Allerdings dauert es gut ein Jahr, bis die Sehne ohne Operation wieder voll belastet werden kann.

Unterschenkel

Im Vordergrund stehen auch hier Prellungen sowie Haut- und Muskelverletzungen. Bei starker Schwellung und zunehmenden, unerträglichen Schmerzen ohne Knochenbruch sollte immer auch an ein Kompartment-Syndrom gedacht werden (siehe Seite 50). Selbst wenn die Zahl der Unterschenkelbrüche rückläufig ist, seit auch im Training Schienbeinschoner getragen werden, liegt ihr Anteil an den Knochenbrüchen noch immer bei rund zehn

Prozent. Im Gegensatz zum Oberschenkel ist die muskuläre Umhüllung in diesem Bereich weniger stark ausgeprägt. Zudem richten sich die meisten gegnerischen Attacken gegen den Unterschenkel. Darüber hinaus treten bei den massiven Rotationsbelastungen unterhalb des Knies viel höhere Kräfte auf als am Oberschenkel.

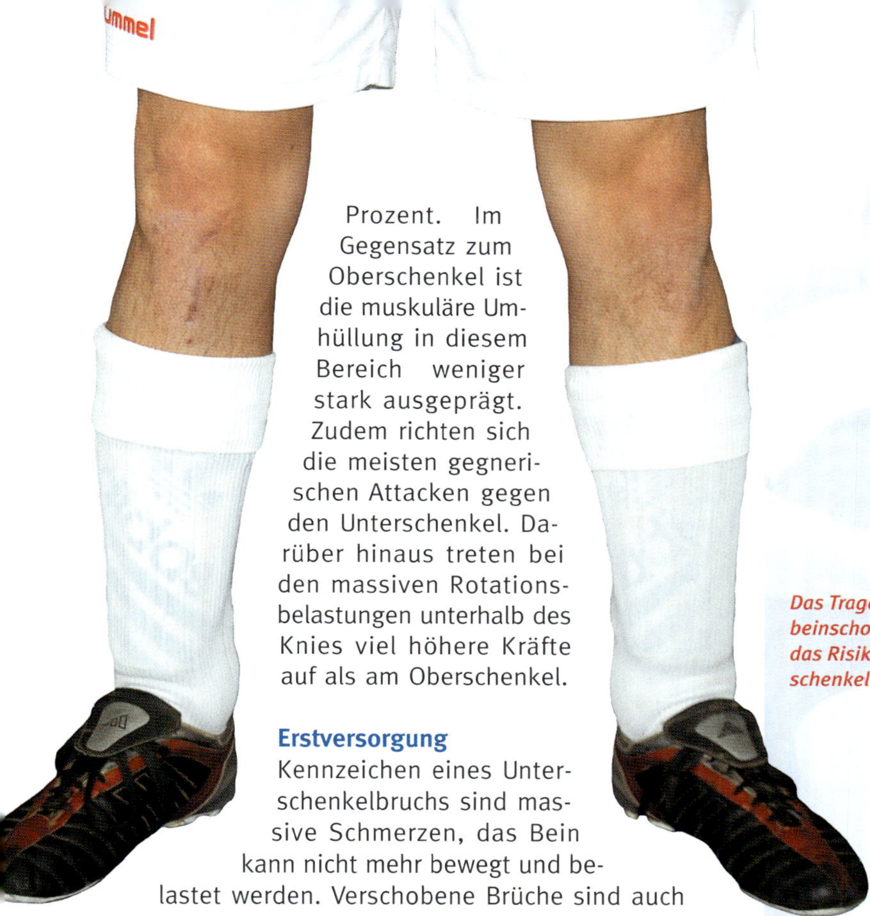

Das Tragen von Schienbeinschonern mindert das Risiko eines Unterschenkelbruchs.

Erstversorgung

Kennzeichen eines Unterschenkelbruchs sind massive Schmerzen, das Bein kann nicht mehr bewegt und belastet werden. Verschobene Brüche sind auch von außen sichtbar. Das verletzte Bein wird sofort geschient, wobei die Ruhigstellung über das Sprung- und Kniegelenk hinausgehen muss. Für die Schienung kann alles genutzt werden, was gerade und lang genug ist und mit Binden fixiert werden kann. Idealerweise sollten Luftschienen verwendet werden. Offene Brüche werden zunächst steril abgedeckt und danach ebenfalls geschient. Es erfolgt umgehend der Transport ins Krankenhaus.

Therapie

In Ausnahmefällen kann konservativ behandelt werden, die meisten Unterschenkelbrüche werden jedoch operiert, weil dadurch die angrenzenden Gelenke frühzeitig wieder bewegt werden können. So kann eine zu starke Rückbildung der Muskulatur vermieden werden.

Im Focus

Ursache und Wirkung

Ein gehäuftes Auftreten von Zerrungen der Oberschenkelmuskulatur legt eine eingehende Untersuchung der Lendenwirbelsäule nahe. Von hier aus werden die unteren Extremitäten mit Nervenreizen versorgt. Ist dieser Ablauf z.B. durch einen Bandscheibenschaden gestört, wird die Funktion der Schenkelmuskulatur eventuell negativ beeinflusst. Natürlich muss nicht immer gleich ein Bandscheibenvorfall der Auslöser von Beschwerden sein. Schon eine leichte Vorwölbung (Vorstufe des Vorfalls) des Gewebes kann die umliegenden Nerven so stark irritieren, dass sich der Spannungszustand der Muskulatur verändert. Mit einem echten Bandscheibenvorfall käme ohnehin kaum jemand auf die Idee, sich die Fußballschuhe anzuziehen.

- Kräftige Muskeln schützen das Becken und die Oberschenkel vor schwerwiegenden Verletzungen.
- In vielen Fällen führen Verschleißschäden zum Riss einer Achillessehne.
- Ein Fersenkeil lindert die Beschwerden bei einer Achillessehnenentzündung.
- Eine gut trainierte Wadenmuskulatur entlastet die Achillessehne.
- Schienbeinschoner beugen erfolgreich Unterschenkelverletzungen vor.

PROBLEMZONEN KNIE- UND SPRUNGGELENK

Das ohnehin empfindliche Kniegelenk ist auf dem Fußballplatz extrem hohen Belastungen ausgesetzt. Viele ehemalige Fußballspieler verdanken ihren Status als „Sportinvalide“ einer Knieverletzung. Verschleißerscheinungen spielen dabei eine ebenso große Rolle wie ein Zusammenprall mit einem gegnerischen Spieler. Durch kurze Sprints und schnelle Stoppbewegungen ist auch das Sprunggelenk besonders verletzungsanfällig. Auf den folgenden Seiten stellen wir die häufigsten Knie- und Fußverletzungen beim Fußball sowie bewährte Behandlungsmaßnahmen vor.

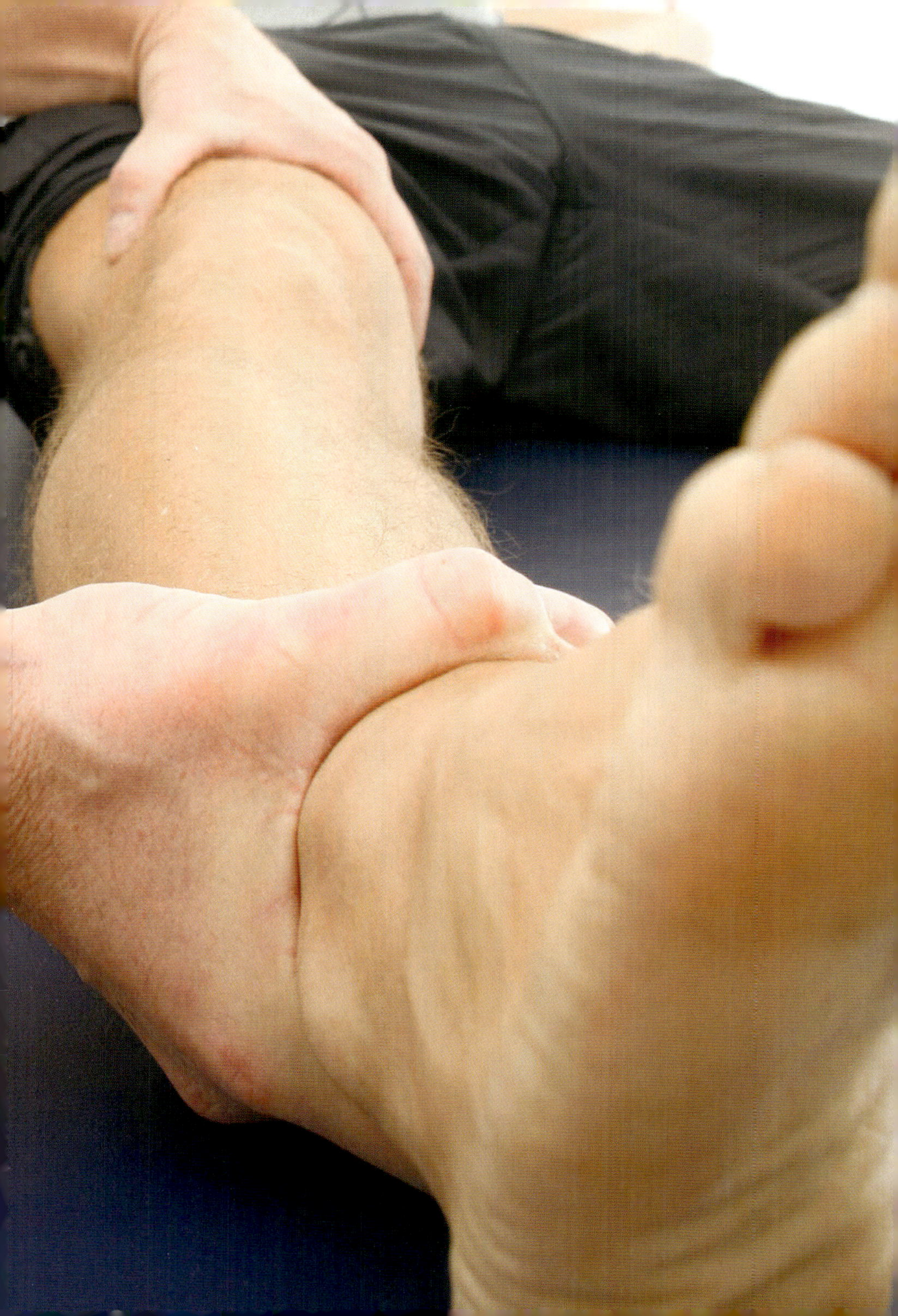

Kniegelenk

Das Knie ist das größte Gelenk des Menschen. Es dient als Verbindung zwischen Ober- und Unterschenkelknochen.

Das Kniegelenk ist neben dem Sprunggelenk am häufigsten von Fußball-Verletzungen betroffen. Die Ursachen dafür liegen im Aufbau und in der Biomechanik des Gelenks. Das Knie ist ein Scharniergelenk mit äußerst begrenzter Drehfähigkeit, das den Ober- und Unterschenkel miteinander verbindet. Da die Gelenkfläche des abgerundeten Oberschenkels nicht optimal auf die ebene Form des Unterschenkels passt, fungieren der Innen- und Außenmeniskus sowohl als Puffer als auch als Stabilisatoren. Die Seitenstabilität wird durch die inneren und äußeren Seitenbänder gewährleistet. Sie verhindern in Streckstellung die

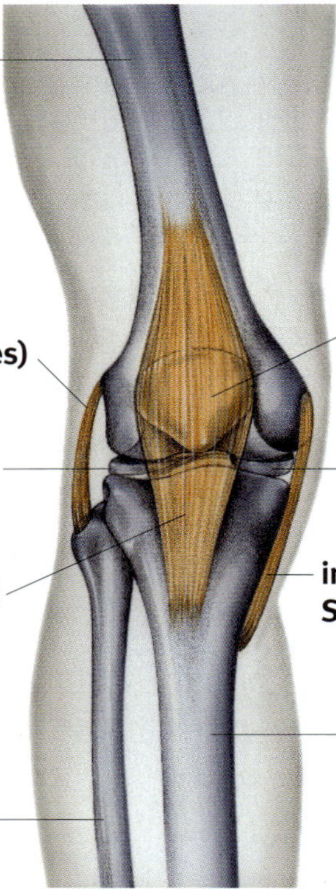

Überstreckung des Gelenks sowie die Drehung des Unterschenkels. Im Inneren des Gelenks verbinden das vordere und das hintere Kreuzband den Oberschenkelknochen mit dem Schienbein. Sie sind für die Drehstabilität verantwortlich. Gemeinsam mit der Kniescheibe wirken die Quadripzessehnen und das Kniescheibenband einer Überstreckung entgegen.

Kniebinnen-Trauma

Unter dem Begriff Kniebinnen-Trauma werden mehrere Verletzungen des Kniegelenks zusammengefasst. Grund dafür ist, dass Kniegelenksverletzungen nicht immer leicht voneinander abzugrenzen sind. Das Kniebinnen-Trauma umfasst u.a. den Riss des vorderen bzw. hinteren Kreuzbands, den Riss des inneren bzw. äußeren Seitenbands, Verletzungen der Menisken sowie die Absprengung eines Knorpelstücks.

Im völlig gestreckten Zustand, wenn die Bänder und Muskeln angespannt sind, ist das Kniegelenk sehr stabil. Ist das Knie gebeugt, sind die Bänder entspannt und das Gelenk wird verletzungsanfällig. Neben direkter Gewalteinwirkung durch einen Sturz oder Tritt zählen somit Drehbewegungen bei fixiertem Fuß zu den häufigsten Ursachen für Knieverletzungen.

Prellungen und Verstauchungen

Prellungen und Verstauchungen des Kniegelenks treten besonders oft auf, gehören aber zum Glück zu den harmloseren Verletzungen. Während Prellungen durch direkte Gewalteinwirkungen wie einen Tritt oder Sturz hervorgerufen werden, entstehen Verstauchungen durch Umknicken und zu starke Drehbewegungen. Beides ist sehr schmerz-

Anzeichen einer Prellung oder Verstauchung ist eine starke Schwellung des Kniegelenks.

haft und meist mit Schwellungen und Blutergüssen sowie einer Bewegungseinschränkung verbunden. Es kommt dabei zu keiner ernsthafteren Verletzung von Knochen oder Bändern. Dies kann – bei entsprechender Erfahrung – vom Mannschaftsarzt oder Physiotherapeuten bereits auf dem Platz abgeklärt werden.

Sowohl bei einer Prellung als auch bei einer Verstauchung lindern Kühlpacks die Schmerzen.

Erstversorgung

Das Knie sofort kühlen, eventuell eine Sportsalbe auftragen und eine Kompression anlegen. Bei sicherer und ausreichender Stabilität des Kniegelenks und rascher Beschwerdelinderung kann der Sportler die Zähne zusammenbeißen und weiterspielen.

Therapie

Scheinbar harmlose Blessuren können sich im Nachhinein gelegentlich als schwerwiegendere Verletzungen herausstellen. Bei anhaltenden Beschwerden sollte ein Sportmediziner oder Chirurg aufgesucht werden. Häufig wird eine Einblutung ins Gelenk erst Stunden nach der Verletzung bemerkt. Die Einblutung kann auf einen Schaden im Inneren des Knies, z.B. einen Kreuzbandriss, deuten.

(14) Seitenbandverletzungen

Das innere Seitenband wird stark strapaziert, wenn der Unterschenkel nach außen gedrückt und gleichzeitig verdreht wird. Verletzungen des äußeren Seitenbands entstehen hingegen, wenn der Unterschenkel nach innen verdreht wird. In den meisten Fällen liegt eine Zerrung der Seitenbänder vor. Auffällig sind dabei starke Schmerzen an den Ansatzpunkten. Ist die Krafteinwirkung von außen jedoch zu stark, können die Bänder auch reißen.

Erstversorgung

Routinemäßig durch Kühlung und Kompressionsverband. Die Abgrenzung von der Zerrung zum Riss besteht in

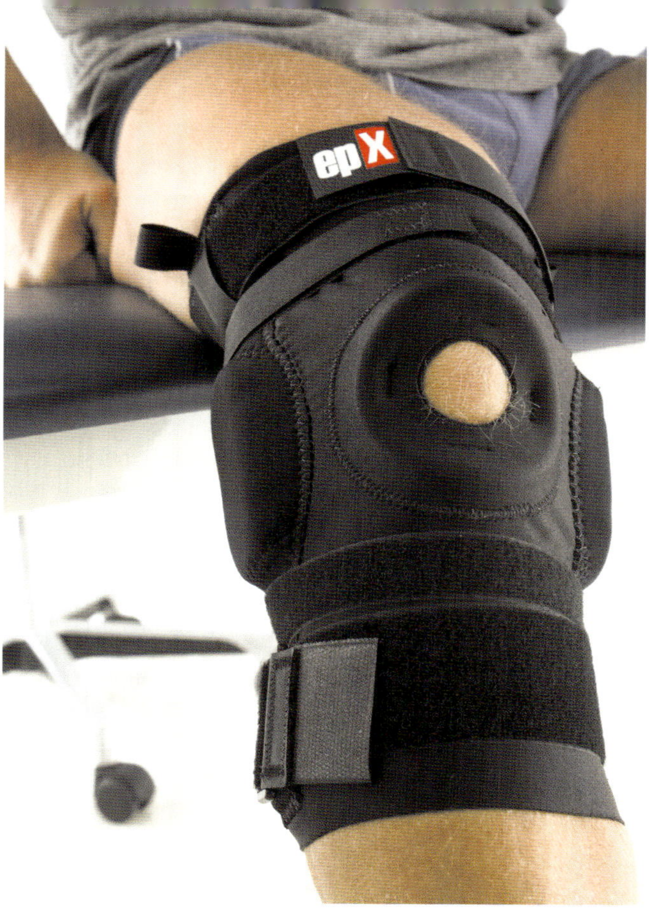

Eine Kniebandage mit seitlicher Verstärkung kommt bei Verletzungen der Seitenbänder zum Einsatz.

der Überprüfung der seitlichen Stabilität. Das kann sofort auf dem Platz erfolgen. Bei einem Riss ist das Kniegelenk entweder nach außen (Riss des inneren Seitenbands) oder nach innen (Riss des äußeren Seitenbands) „aufklappbar". Weitere Symptome für einen Riss sind eine Schwellung und Schmerzen.

Therapie

Innenbandzerrungen können bis zu sechs Wochen sehr schmerzhaft sein. In schweren Fällen sollte die Ruhigstellung in einer Bewegungsschiene erwogen werden. Dies ist auch die bevorzugte Maßnahme bei isolierten Rissen. Operiert wird nur, wenn das Seitenband aus dem Knochen herausgerissen ist.

(15) Kreuzbandriss

Zu den bekanntesten und schwerwiegendsten Verletzungen zählt der Riss des vorderen Kreuzbandes, das schon zahlreiche, auch prominente Fußballer-Karrieren vorzeitig beendet hat. Im Gegensatz dazu ist das hintere Kreuzband – eines der stärksten Bänder des Körpers – äußerst selten von Verletzungen betroffen.

Nur selten ist eine direkte Gewalteinwirkung durch das Tackling des Gegners Ursache für einen Kreuzbandriss. Schuld ist fast immer die Verdrehung des Knies bei fixiertem Fuß, z.B. wenn der Gegner den Fuß eines Spielers blockiert, während der übrige Körper von der Fliehkraft in eine andere Richtung gezogen wird. Ist das vordere Kreuzbein gerissen, lässt sich das Schienbein bei gebeugtem Knie gegenüber dem Oberschenkel nach vorn verschieben. Der verletzte Spieler nimmt ein deutliches Instabilitätsgefühl wahr.

Gelenkerguss

Bei einem Gelenkerguss vermehrt sich die Flüssigkeit im Inneren eines Gelenks. Durch eindringende Gewebsflüssigkeit, einen Bluterguss (Hämarthros) oder Eiter (Empyem) schwillt das Gelenk unter Schmerzen an. Ein Gelenkerguss ist oft die Folge von Verletzungen. Bei einem Kreuzbandriss ist das Kniegelenk meistens von einem Gelenkerguss betroffen.

Der Riss des Kreuzbandes geht immer mit einer Einblutung ins Gelenk einher. Das muss nicht innerhalb weniger Stunden passieren, oftmals verzögert sich die Gelenkseinblutung und ist erst am nächsten Tag nachweisbar. Als Faustregel kann gelten, dass Blut im Gelenk so lange auf einen Kreuzbandriss deutet, bis durch eine Arthroskopie oder Kernspintomographie das Gegenteil bewiesen ist.

Erstversorgung

Wie bei einem Seitenbandriss wird das Knie gekühlt und mit Hilfe eines Kompressionsverbands entlastet. Das Ausmaß der Verletzung macht es dem Spieler unmöglich, wieder ins Spiel zurückzukehren. Der verletzte Sportler muss sofort in eine Unfallambulanz eingewiesen werden. Am folgenden Tag sollte noch einmal kontrolliert werden, ob eine Gelenkeinblutung aufgetreten ist.

Trainingstipp

Wärmen Sie Ihre Muskulatur vor jeder sportlichen Aktivität ausreichend auf. Das Verletzungsrisiko lässt sich zudem durch die Verbesserung der Koordinationsfähigkeit – z.B. mit Hilfe einer Sprungschulung oder eines Lauftrainings – entscheidend senken. Daneben schützt eine kräftige, austrainierte Beinmuskulatur das Kreuzband.

Therapie

Die Gelenkspiegelung (Arthroskopie) gibt eindeutig Aufschluss über das Ausmaß der Verletzung, da sie im Gegensatz zur Kernspin- oder Computertomographie nicht nur statische Bilder liefert, sondern auch eine mechanische Stabilitätsprüfung erlaubt. Unterschieden werden Längs- und Teileinrisse, die zu keiner Instabilität des Kniegelenks führen. Im Gegensatz dazu steht der vollständige Riss, bei dem das Kreuzband meist am oberen Ansatz aus dem Oberschenkelknochen bricht. Bei komplexen Verletzungen sind zudem der Innenmeniskus sowie das innere Seitenband geschädigt.

Die Gelenksspiegelung erfolgt mit einem Arthroskop. Es besteht aus mehreren Linsen, einem Licht sowie einer Spül- und Absaugevorrichtung.

Neben der klassischen Kreuzbandnaht, bei der das gerissene Band wieder an die Rissstelle im Knochen fixiert wird, findet heute die Ersatzplastik immer mehr Anhänger. Dabei wird das gerissene Kreuzband vollständig durch

Mit speziellen Bewegungsschienen (Orthesen) wird das Kniegelenk nach einem Kreuzbandriss vorübergehend fixiert.

einen Teil der Kniescheibensehne oder der Semitendinosussehne (wenig gebrauchte Sehne am Oberschenkel) ersetzt. Die ausgetauschte Sehne wird während einer Kniespiegelung in die Knochen verankert. Da eine Ersatzplastik zu sehr guten Langzeitergebnissen führt, entscheiden sich vor allem Sportler für diese Operationsform.

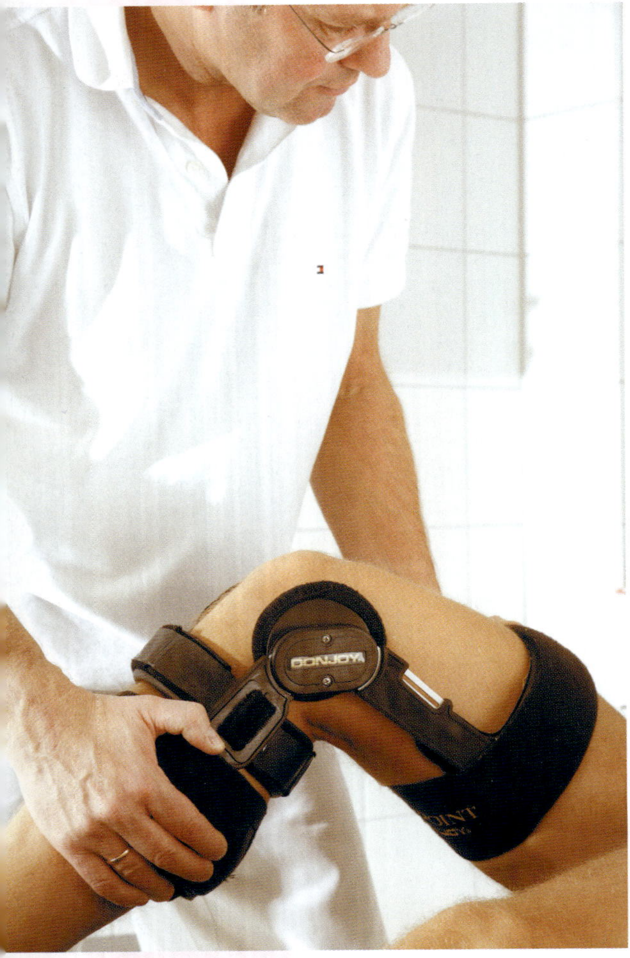

In der Nachbehandlung werden heute lange Phasen der kompletten Ruhigstellung vermieden. Schon frühzeitig kommen Bewegungsschienen (Orthesen) zum Einsatz, die eine Bewegung des Knies nur in einem vorgegebenen Radius zulassen, z.B. eine Beugung zwischen 10 ° und 90 °. So wird das genähte Band nicht überstrapaziert. Gleichzeitig kann die Muskulatur frühzeitig wieder trainiert werden und die Beweglichkeit im Gelenk bleibt erhalten.

Besonders wichtig ist regelmäßige Krankengymnastik zum Training der Kraft, der Koordinationsfähigkeit und der Beweglichkeit. Nach etwa sechs Wochen ist die Vollbelastung ohne Gehstützen im Normalfall wieder möglich. Mit der Aufnahme des Trainings muss – zumindest im Breitensportbereich – mindestens drei Monate gewartet werden.

(16) Meniskus

Verletzungen betreffen nahezu ausschließlich den Innenmeniskus, da er aufgrund seiner festen Verbindung mit dem inneren Seitenband bei Rotationsbewegungen kaum Ausweichmöglichkeiten hat. Meniskusrisse sind nur bei durch Verschleiß vorgeschädigtem Gewebe zu erwarten. Der Meniskus besteht aus einem knorpelähnlichem Gewebe, das schlecht durchblutet ist. Durch die schlechte Versorgung mit Nährstoffen kann es bereits ab dem 20. Lebensjahr zu Verschleißerscheinungen kommen.

Der Meniskus ist eine halbmondförmige Knorpelscheibe. In jedem Knie befinden sich ein äußerer und ein innerer Meniskus.

Einteilung von Meniskusschäden

- **nach der Lokalisation**
  - vorderes Drittel
  - mittleres Drittel
  - hinteres Drittel

- **nach der Rissform**
  - senkrecht
  - waagrecht
  - quer
  - korbhenkelartig
  - lappenförmig

Erstversorgung

Die verletzte Stelle wird gekühlt. Anzeichen für eine Meniskusverletzung sind mechanische Blockaden im Knie sowie ein Schnappen oder Knacksen. Ein Druckschmerz über dem inneren Gelenkspalt sowie ein Schmerz an gleicher Stelle bei Rotation des Unterschenkels deuten auf den Riss den Innenmeniskus. Zur Weiterbehandlung erfolgt der Transport ins Krankenhaus.

Therapie

Um knöcherne Verletzungen ausschließen zu können, muss das Knie geröntgt werden. Besteht der Verdacht

Müssen nach einer Verletzung größere Teile des Meniskus entfernt werden, erhöht sich das Risiko eines frühzeitigen Gelenkverschleißes (Arthrose).

auf einen Riss, wird zur genauen Diagnose eine Arthroskopie durchgeführt. Ist der Meniskus im relativ gut durchbluteten kapselnahen Anteil abgerissen, kann der Riss während der Arthroskopie gleich genäht werden. Diese Fälle sind jedoch selten. Meistens ist der Riss eine Folge von Verschleiß bedingten Veränderungen und betrifft den nicht durchblutenden Anteil des Meniskus. Hier kommt nur eine arthroskopische Entfernung der gerissenen Meniskusteile in Frage. Liegen keine schwerwiegenden Begleitverletzungen vor und wurde nur wenig Gewebe entfernt, kann das Training schon relativ frühzeitig (nach drei bis vier Wochen) wieder aufgenommen werden.

Kniescheibenverletzungen

Von den häufig auftretenden Prellungen muss man die Kniescheibenbrüche und -verrenkungen abgrenzen. Während Prellungen und Brüche auf Stürze oder den Zusammenprall mit einem anderen Spieler zurückzuführen sind, kommen Verrenkungen (Patella-Luxationen) selten allein durch Unfälle zustande. In den meisten Fällen besteht bereits eine entsprechende Veranlagung, z.B. durch muskuläre Dysbalancen oder Fehlformen der Kniescheibe. Bei Verrenkungen springt die Kniescheibe seitlich aus der Führung. Häufig kommt es dabei zur Absprengung des Knorpels sowie zu einer Einblutung ins Gelenk.

Anzeichen einer Patella-Luxation

- von außen deutlich sichtbare Fehlstellung der Kniescheibe
- Schwellung des Knies
- starke Schmerzen
- das Knie kann nicht mehr bewegt werden

Erstversorgung

Sowohl bei Prellungen, Verrenkungen und Brüchen wird das Knie gekühlt und anschließend auf einer Schiene ruhig gestellt. Bei Verdacht auf einen Bruch oder einer Verrenkung erfolgt die Einweisung in ein Krankenhaus.

Therapie

Wenn kein Knorpelgewebe in Mitleidenschaft gezogen wurde und der Streckapparat weitgehend stabil ist, kann die Kniescheibe – meist unter Narkose – einfach wieder eingerenkt werden. Bei starker Schwellung wird das Gelenk punktiert. Danach folgt eine Ruhigstellung des Knies für drei bis sechs Wochen.

Anzeichen einer Patella-Fraktur

- **sofort einsetzende Schmerzen**
- **starke Schwellung an der Vorderseite des Knies**
- **das Bein kann nicht mehr belastet werden**
- **das Kniegelenk kann nicht mehr gestreckt werden**

Bei Kniescheibenbrüchen unterscheidet man Längs- und Querbrüche. Besonders schwerwiegend sind letztere, da es durch den Zug der Quadrizepssehne auf der einen und der Patellasehne auf der anderen Seite zu einem deutlichen Auseinanderklaffen der Bruchstellen kommt. Der Bruch ist meist schon von außen tastbar und muss immer operiert werden. Dagegen können unverschobene Längsbrüche konservativ behandelt werden. Der Bruch kann ohne Operation im Gipsverband ausheilen.

Ein Kniescheibenbruch (Patella-Fraktur) ist meistens die Folge eines heftigen Sturzes auf das gebeugte Knie.

In den meisten Fällen muss das Kniegelenk nur kurzzeitig komplett ruhig gestellt werden. Physiotherapeutische Maßnahmen, v.a. das Training der Oberschenkelmuskulatur, sollten so schnell wie möglich eingeleitet werden.

Sprunggelenk und Fuß

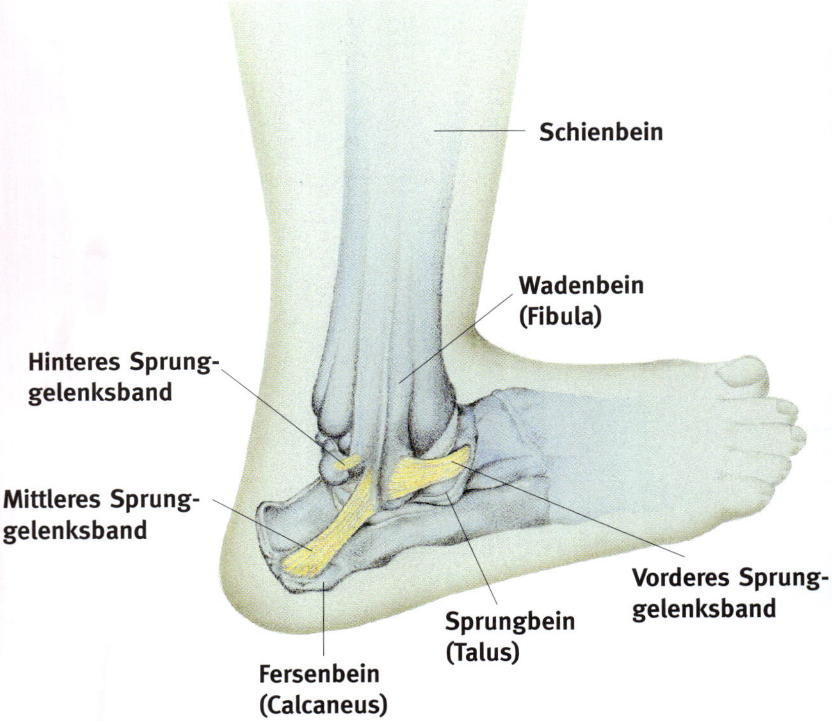

Das obere Sprunggelenk verbindet das Schienbein und das Wadenbein mit dem Sprungbein. Es handelt sich dabei um ein Scharniergelenk, dass das Senken (Flexion) und Heben (Extension) der Fußspitze erlaubt. Ein kräftiger Band- und Kapselapparat stabilisiert das Gelenk und verhindert ein Verkanten des Fußes. Das Sprunggelenk ermöglicht einen flüssigen Gang.

Prellungen und Verstauchungen

Das Sprunggelenk ist meist von Prellungen und Verstauchungen betroffen, die durch direkte oder indirekte Gewalteinwirkung hervorgerufen werden, aber keine Mitbeteiligung von Bändern oder Knochen zur Folge haben. Anzeichen sind Schwellungen und Blutergüsse.

Ernährungstipp

Fußballer benötigen eine vermehrte Zufuhr von so genannten Antioxidantien. Durch die hohe Sauerstoffaufnahme während der Belastung steigt der oxidative Stress. Antioxidantien (z.B. die Vitamine C und E) schützen vor den dabei auftretenden freien Radikalen.

Erstversorgung

Als erste Maßnahmen erfolgen die Entlastung des Beins, die Kühlung des Gelenks sowie das Anlegen eines elastischen Stützverbandes. Oftmals tritt bereits nach wenigen Minuten eine deutliche Besserung der Symptome auf. Sind die Schmerzen erträglich, kann nach einer Prellung das Spiel oder Training fortgesetzt werden.

Therapie

Den Fuß hochlagern und weiter kühlen, damit die Schwellung abklingt. Spezielle Sportsalben unterstützen den Heilungsprozess. Führen diese Maßnahmen nicht umgehend zur Linderung der Schmerzen, empfiehlt sich eine röntgenologische Untersuchung, um Knochen- und insbesondere Bandverletzungen auszuschließen.

Bänderrisse

Diese Verletzung entsteht durch das Umknicken des Fußes. Betroffen sind fast immer nur die drei Außenbänder, die von der Außenknöchelspitze zum Sprung- und Fersenbein ziehen. Je nach Schweregrad können ein, zwei oder alle drei Bänder gerissen sein.

Anzeichen eines Außenbandrisses

- **schnell auftretende, starke Schwellung**
- **Bluterguss**
- **Schmerzen**
- **der Fuß kann nicht mehr belastet werden**
- **das Spunggelenk lässt sich „aufklappen": die Gelenkflächen entfernen sich, wenn der Fuß nach innen gedreht wird**

Junge Sportler sind öfter von einem Außenbandriss betroffen, während ältere Menschen eher einen Bruch des Außenknöchels erleiden.

Erstversorgung

Es werden die gleichen Sofortmaßnahmen ergriffen wie bei einer Verstauchung oder Prellung: den Fuß entlasten, hochlagern und wenn möglich schienen. Die Kühlung des Gelenks lindert die Schmerzen und vermindert die Schwellung. Zur weiteren Behandlung muss der verletzte Spieler in ein Krankenhaus transportiert werden.

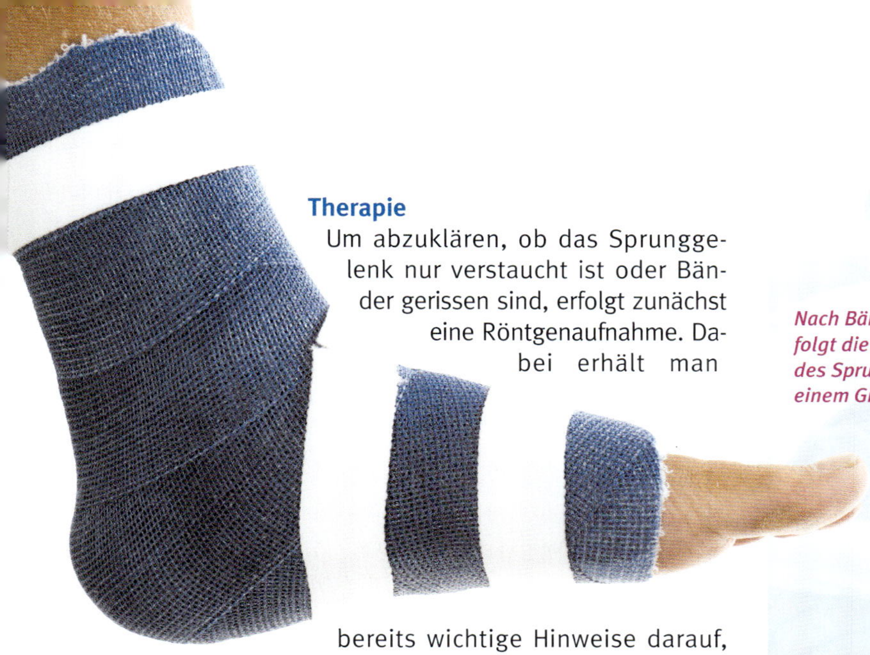

Nach Bänderrissen erfolgt die Ruhigstellung des Sprunggelenks in einem Gipsverband.

Therapie

Um abzuklären, ob das Sprunggelenk nur verstaucht ist oder Bänder gerissen sind, erfolgt zunächst eine Röntgenaufnahme. Dabei erhält man bereits wichtige Hinweise darauf, wie viele Bänder in Mitleidenschaft gezogen sind. Eine Röntgenuntersuchung sollte so frühzeitig wie möglich geschehen, um eine optimale, zielgerichtete Therapie zu gewährleisten und Folgeschäden (z.B. eine chronische Instabilität des Gelenks oder eine frühzeitige Arthrose) zu vermeiden.

Ein Außenbandriss muss in den meisten Fällen nicht operiert werden.

Während Bänderrisse früher überwiegend operiert wurden, erfolgt heute meist eine konservative Therapie. Bei massiven Schwellungen und starken Schmerzen empfiehlt sich zunächst eine Ruhigstellung im Gipsverband. Unterarmgehstützen sorgen für eine zusätzliche Entlastung des Gelenks. Nach rund 14 Tagen, wenn die Schwellung ganz zurückgegangen ist, muss für vier Wochen konsequent eine Orthese, z.B. eine Aircast®-Schiene, getragen werden. Bei Schmerzfreiheit kann der Fuß damit schon voll belastet werden. Sind die Schmerzen jedoch noch nicht abgeklungen, wird der Fuß sechs Wochen lang in einer Orthese ruhig gestellt.

Danach kann das Training wieder aufgenommen werden. Allerdings muss in der ersten Trainingsphase (mindestens sechs Wochen lang) eine Orthese getragen werden, da es mindestens drei Monate dauert, bis die Bänder wieder vollständig belastet werden können.

Nicht nur im Hinblick auf die weitere sportliche Karriere ist eine konsequente Therapie besonders wichtig. Ohne diese Maßnahmen werden die Bänder nicht ausreichend stabilisiert, weshalb der Fuß selbst bei einem geringen Anlass schnell wieder umknickt. Außerdem führt eine ständige Fehlbelastung im Gelenk zu einem vorzeitigen, eventuell schwerwiegenden Knorpelverschleiß (Arthrose).

Werden die Bänder nach einem Riss nicht ausreichend stabilisiert, ist ein häufiges Umknicken vorprogrammiert.

Knöchelbrüche

Wirken noch größere Kräfte auf den Fuß ein als bei einer Verstauchung oder einem Bänderiss, kann es zu knöchernen Verletzungen kommen. Knöchelbrüche sind die häufigsten Knochenverletzungen in der Sportsprechstunde. Je nachdem, welcher Teil des Knöchels von der Verletzung betroffen ist, unterscheidet man verschiedene Formen von Knöchelbrüchen.

Einteilung von Knöchelbrüchen

1. **Außenknöchelfraktur**
   - **Weber-A-Fraktur**
   - **Weber-B-Fraktur**
   - **Weber-C-Fraktur**
2. **isolierte Innenknöchelfraktur**
3. **Außen- und Innenknöchelfraktur (bimalleoläre Sprunggelenksfraktur)**
4. **Außenknöchelfraktur, Innenknöchelfraktur und Abrissfraktur der hinteren Schienbeingelenkfläche (trimalleoläre Sprunggelenksfraktur)**

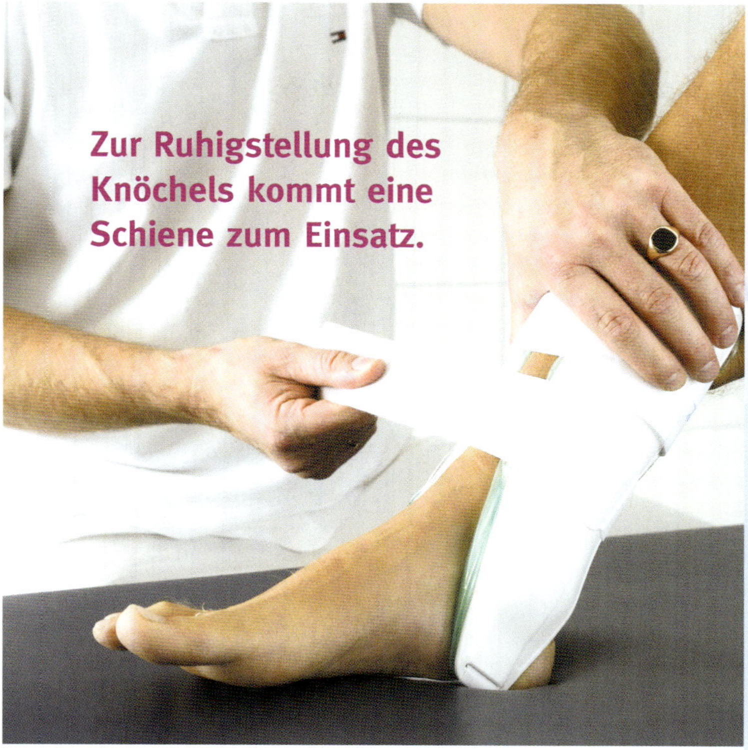

Außenknöchelfraktur

Erstversorgung

In den meisten Fällen treten starke Schmerzen sowie eine Schwellung mit Bluterguss auf. Manchmal liegt eine deutlich sichtbare Fehlstellung vor. Die Bewegung und Belastungsfähigkeit ist nach einem Außenknöchelbruch stark eingeschränkt. Somit ist ein weiterer Einsatz auf dem Platz unmöglich. Wichtig ist die sofortige Kühlung und Ruhigstellung des Knöchels in einer Luftschiene oder in einer Aircast®-Schiene. Anschließend wird der Fuß entlastet. Der verletzte Spieler muss in eine Unfallambulanz gebracht und dort geröntgt werden.

Koordinationsübungen senken das Risiko eines Außenknöchelbruchs.

Spezialschienen, über die problemlos ein Turnschuh getragen werden kann, entlasten den Knöchel.

Bei unkomplizierten Brüchen verschwinden Restbeschwerden, wie z.B. Taubheitsgefühle, meistens vollständig.

Therapie

Bei Weber-A-Frakturen handelt es sich meist um unverschobene Brüche im Bereich der Außenknöchelspitze. Die Behandlung erfolgt überwiegend konservativ. Bei starker Schwellung wird der Knöchel zunächst im Kunststoff- oder Gipsverband ruhig gestellt. Nach der vollständigen Rückbildung der Schwellung kann auf eine Orthese (Bewegungsschiene), z.B. Aircast®, zurückgegriffen werden. Abhängig vom Befund kann nach ungefähr sechs Wochen eine deutliche Belastungssteigerung erfolgen.

Die Mehrzahl der Außenknöchelbrüche sind Weber-B-Frakturen. Oftmals treten Schräg- oder Spiralbrüche etwa 3 cm oberhalb der Außenknöchelspitze auf. Unverschobene Brüche können konservativ behandelt werden. Der Knöchel wird in der Regel sechs Wochen lang im Kunststoff- oder Gipsverband ruhig gestellt. Teilweise kann in dieser Zeit bereits eine sanfte Bewegungstherapie durchgeführt werden. So lange das Fußgelenk mit einem Gips blockiert und die Muskelpumpe der Wadenmuskulatur damit außer Kraft gesetzt ist, besteht die Gefahr einer Thrombose (Blutgerinnsel) in den Unterschenkelvenen. Deshalb muss für die Zeit der Ruhigstellung täglich eine Heparinspritze ins Unterhautfettgewebe verabreicht werden.

Gipsverbände erfordern eine regelmäßige Thrombosevorsorge.

Verschobene Weber-B-Frakturen müssen operativ eingerichtet werden. Die Bruchstellen werden mit Schrauben oder Platten fixiert. Der Vorteil bei dieser Behandlungsmethode ist die raschere Wiederherstellung der Beweglichkeit, da auf eine zusätzliche Gips-Ruhigstellung verzichtet werden kann.

Trainingstipp

Vor allem für Stürmer und für sehr junge Fußballspieler empfehlen sich Schienbeinschoner, die über einen fest angebrachten, beidseitig verstärkten Knöchelschutz verfügen. Sie schützen den Knöchel vor direkten Tritten, sind aber dennoch weich und flexibel genug, um nicht als störend empfunden zu werden.

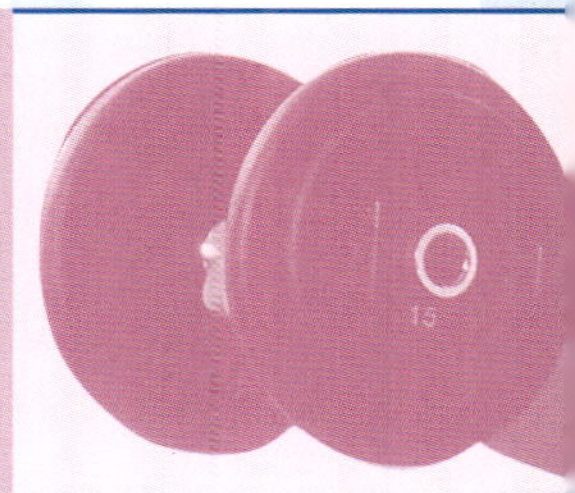

Etwas seltener treten Weber-C-Frakturen auf. Hier befindet sich die Bruchstelle des Wadenbeins oberhalb der Syndesmose. Als Syndesmose wird die Bandverbindung zwischen Außenknöchel und Schienbein bezeichnet. Bei einer Weber-C-Fraktur ist die Syndesmose immer gerissen. Eine operative Behandlung ist bei dieser Verletzung in jedem Fall erforderlich. Zusätzlich muss die gerissene Bandverbindung genäht werden. Eine Ruhigstellung im Gipsverband ist danach normalerweise nicht mehr erforderlich.

Nach einer Knöchelfraktur sollten so schnell wie möglich krankengymnastische Behandlungen durchgeführt werden.

Innenknöchelfraktur

Innenknöchelbrüche kommen entweder isoliert oder in Kombination mit Außenknöchelverletzungen vor. Unverschobene Brüche werden mit einem Gips und einer Orthese für etwa sechs Wochen ruhig gestellt. Verschobene Brüche müssen exakt eingerichtet und anschließend verdrahtet oder verschraubt werden.

Fraktur der hinteren Schienbeingelenkfläche

Die Abrissfraktur der hinteren Schienbeingelenkfläche (auch Volkmann'sches Dreieck genannt) kommt nahezu ausschließlich in Kombination mit einem Außen- und Innenknöchelbruch vor. Ist das Bruchstück klein (nicht größer als ein Viertel der Gelenkfläche) oder unverschoben bedarf es keiner Operation. Größere und verschobene Stücke müssen jedoch verschraubt werden.

Fußwurzel- und Mittelfußknochenbrüche

Während sowohl Sprung- als auch Fersenbeinfrakturen im Fußball heute zum Glück kaum noch vorkommen, sieht man Brüche der Mittelfußknochen sehr häufig. In den meisten Fällen ist der fünfte Mittelfußknochen von einer Fraktur betroffen. Zu den Ursachen zählen sowohl Umknicken als auch eine direkte Gewalteinwirkung, z.B. durch den Tritt eines anderen Spielers.

Erstbehandlung

Sofortmaßnahmen sind die Kühlung der verletzten Stelle sowie die Entlastung des Fußes. Bei genügend Erfahrung kann ein Kompressionsverband angelegt werden. Der Spieler muss unverzüglich in eine Unfall-Ambulanz zum Röntgen eingeliefert werden.

Therapie

Die meisten Brüche sind unverschoben und werden somit nur eingegipst. Während für diese Bruchformen routinemäßig ein Unterschenkelgips angelegt wird, haben wir in unserer Praxis sehr gute Erfahrungen mit einem speziellen Kunststoff-Gipspantoffel gemacht. Der Fuß bleibt dabei im Sprunggelenk beweglich. Hiermit erübrigen sich die lästigen, täglichen Thrombosespritzen. Trotzdem ist der Fuß durch die besonders verstärkte Sohle gut geschützt. Je nach Schmerzempfinden kann der Fuß sogar häufig schon früh teilbelastet werden. Die Ruhigstellung dauert abhängig vom Röntgenbefund etwa fünf bis sechs Wochen. Im Anschluss an diese Zeit sollte bei Wiederaufnahme des Trainings ein Tapeverband angelegt werden. Verschobene Brüche werden operativ versorgt.

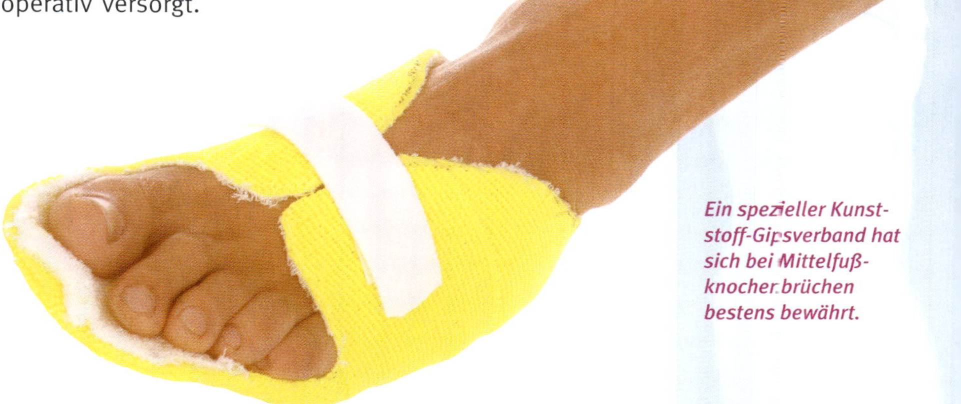

Ein spezieller Kunststoff-Gipsverband hat sich bei Mittelfußknochenbrüchen bestens bewährt.

Zehenbrüche

Während Großzehenbrüche ebenfalls mit einem Gipspantoffel behandelt werden können, versorgt man Brüche der anderen Zehen üblicherweise mit einem Heftpflasterzügelverband (Dachziegelverband). Dabei wird die gebrochene Zehe im Pflasterverband durch eine oder mehrere benachbarte Zehen geschient.

Im Focus

Achten Sie auf Ihre Gesundheit

Die Beine sind das wichtigste Gut eines Fußballers. Wer seinen Sport möglichst lange betreiben möchte, sollte deshalb pfleglich mit ihnen umgehen. Sowohl das Knie- als auch das Sprunggelenk „vergessen" schwere Verletzungen meist nie wieder. Sie bleiben immer anfällig. Das mag sich bei einem jungen Spieler durch eine kräftige Muskulatur noch gut kompensieren lassen, aber mit Mitte 40 kann das schon ganz anders aussehen.

Deshalb sollte sich jeder Fußballer die Frage stellen, ob es wirklich Sinn macht, sich in jeden Zweikampf zu stürzen, selbst wenn man dabei gar nicht mehr an den Ball kommen kann. Profi-Kicker werden dafür bezahlt, dass Sie im Zweifelsfall auch mal ihre Knochen riskieren. Zumindest auf Amateurniveau sollte jedoch die Gesundheit immer Vorrang haben.

- Knie- und Sprunggelenkverletzungen sind im Fußball sehr häufig.

- Eine verbesserte Koordinationsfähigkeit minimiert das Verletzungsrisiko.

- Bewegungsschienen (Orthesen), bei denen sich die Gelenkbeugung fest einstellen kann, sind bei Knieverletzungen besonders hilfreich.

- Nach einer Ruhigstellung im Gipsverband muss die Muskulatur mit krankengymnastischen Übungen wieder aufgebaut werden.

PHYSIO-THERAPEUTISCHE MASSNAHMEN

Die medizinische Behandlung ist nur ein Abschnitt auf dem Weg zurück zur vollen Sporttauglichkeit. Bevor man nach einer schweren Verletzung das Training gefahrlos wieder aufnehmen kann, muss die körperliche Belastungsverträglichkeit langsam auf das alte Niveau gehoben werden. Die Physiotherapie stellt in dieser Phase umfangreiche Maßnahmen zur Verfügung, die Sie unbedingt nutzen sollten. Sich ohne entsprechende Aufbauarbeit gleich wieder voll zu belasten ist kein Zeichen von Härte, sondern von Unvernunft. Leicht kann dadurch ein Folgeschaden provoziert werden, dessen Behandlung mitunter aufwändiger und langwieriger ist als die ursprüngliche Verletzung.

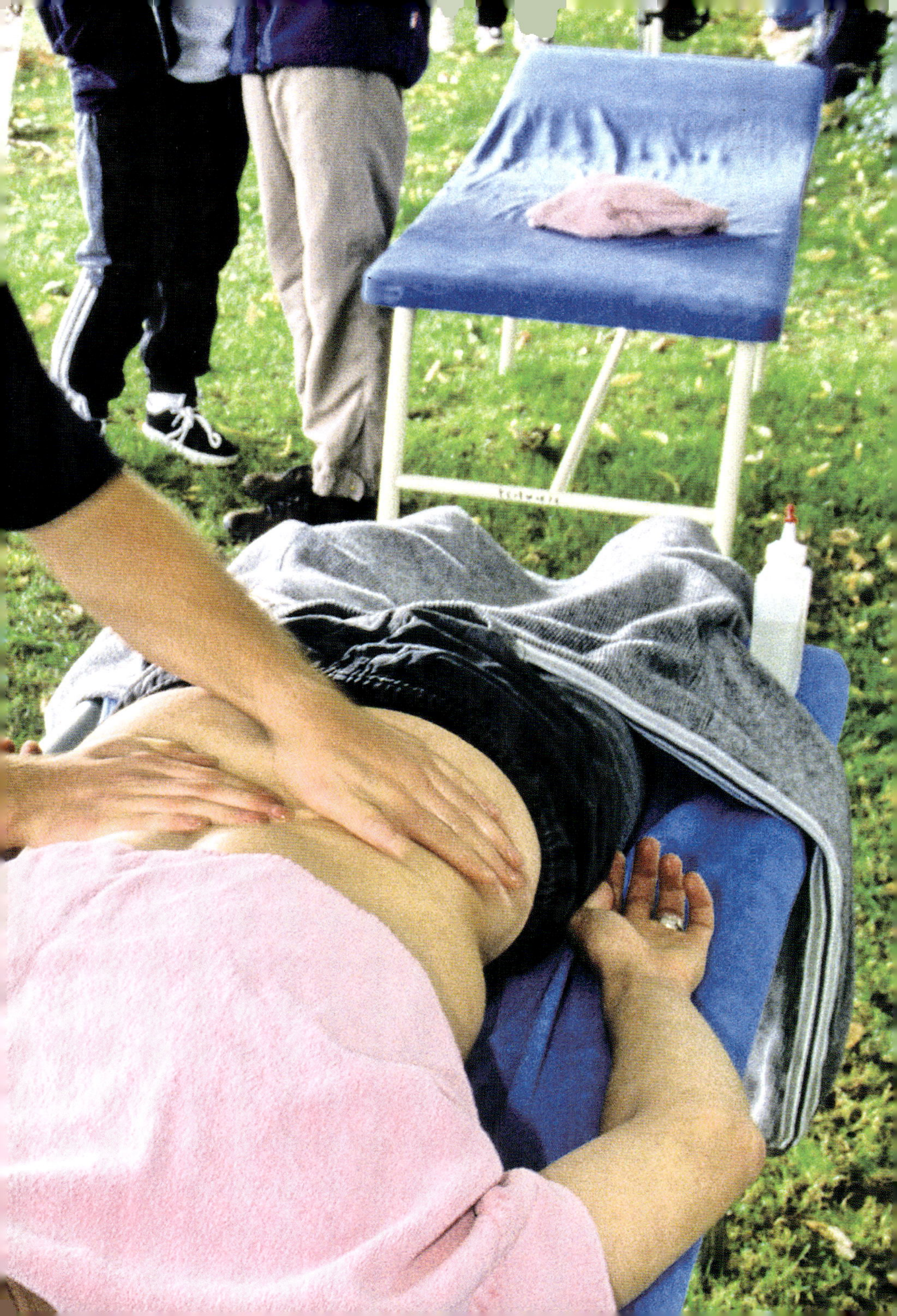

Ein guter Physiotherapeut versucht nicht nur, den Grad an Leistungsfähigkeit wieder herzustellen, den Sie vor der Verletzung hatten, er hilft Ihnen auch dabei, in Zukunft ähnliche Verletzungen vorzubeugen. Dazu muss er sich vor der Entwicklung des individuellen Übungsprogramms erst einmal ein genaues Bild von Ihrem Körperstatus machen. Darunter fallen nicht nur diverse Muskelfunktionstests, sondern vor allem eine genaue Analyse bestehender Muskelasymmetrien in Bezug auf das Längenwachstum oder die Kraftfertigkeiten.

Ein muskuläres Ungleichgewicht wird oft schicksalhaft hingenommen, anstatt dass mit Ausgleichsübungen gezielt dagegen vorgegangen wird.

Jeder von uns hat eine „Schokoladenseite". Beispielsweise ist das linke Bein stärker als das rechte oder der rechte Arm kräftiger als der linke. Zum Großteil wird uns dieses Ungleichgewicht bereits in die Wiege gelegt und später durch den ständigen Einsatz der stärkeren Gliedmaßen und einen entsprechenden Ausbau des neuronalen Netzes unterstützt und perfektioniert.

Was im Alltag hilfreich und nützlich sein mag, kann bei jahrelanger einseitiger Dauerbelastung wie beim Fußballspielen zu einem immensen Ungleichgewicht führen. Oftmals liegt allein hier die Ursache für eine Vielzahl möglicher Verletzungen. Auch angeborene Fehlstellungen, z.B. X- oder O-Beine, sind anfälliger für akute und vor allem

Propriozeptionstraining

Unter Propriozeption (lateinisch „Eigenbewegungsempfinden") versteht man die Wahrnehmung körperlicher Bewegungen in Bezug auf den umgebenden Raum, die bei Bedarf schnell abrufbar ist. Sinneszellen in Muskeln und Gelenken dienen dabei als Empfangs- und Speicherorgane. Durch ein spezielles Training, z.B. mit einem Balance-Brett oder Therapiekreisel, kann die Propriozeption verbessert werden. Studien belegen, dass ein gezieltes Propriozeptionstraining die Verletzungshäufigkeit an den unteren Extremitäten bei Fußballern reduziert.

für chronische Beschwerden. Diese Fehlstellungen sind nicht nur ein optisches Problem, sie führen zu einer ungünstigen Positionierung der Knochen im Gelenk. Im Idealfall werden solche Fehlstellungen bereits im Kindesalter durch ein entsprechendes Bewegungsprogramm korrigiert. Bei Erwachsenen ist es kaum noch möglich, schweren Abweichungen mit Hilfe eines gezielten Kräftigungstrainings effektiv entgegen zu wirken.

Auf einem Balance-Brett kann die Propriozeption trainiert werden. Dadurch reduziert sich die Häufigkeit von Verletzungen der unteren Extremitäten.

Zudem wirken über die Jahre hinweg Verschleißprozesse auf Muskeln, Bänder, Sehnen und Gelenke, die sich höchstens in ihrem Verlauf verlangsamen lassen, aber nicht mehr umkehrbar sind. Lassen Sie sich davon nicht entmutigen! Gerade diese Einflussnahme kann darüber entscheiden, ob Sie sich im hohen Alter auf Ihre Beine verlassen können oder wegen einer schweren Gelenksarthrose auf fremde Hilfe angewiesen sind. Sie brauchen auch dann noch gesunde Kniegelenke, wenn Sie die Fußballschuhe schon längst an den Nägel gehängt haben.

Ein individuelles Bewegungsprogramm kann angeborene Fehlstellungen korrigieren.

MUSKULÄRE DYSBALANCEN

Bei unterschiedlichen Bewegungsabläufen übernimmt ein Muskel verschiedene Funktionen:

- Er kann selbst aktiv eine Bewegung ausführen.
- Er kann bei Bewegungsabläufen unterstützend beteiligt sein.
- Er kann bremsend wirken und damit einen wichtigen Beitrag zum Schutz des bewegten Gelenks oder anderer Muskelgruppen leisten, die so vor einer möglichen Überdehnung bewahrt werden.

Übungen auf dem Therapiekreisel verbessern sowohl die Koordination als auch die Propriozeption.

Dieses komplizierte Zusammenspiel der entsprechenden Muskeln ist wichtig, um überhaupt komplexe Bewegungsabläufe ausführen und Überlastungsschäden verhindern zu können. Zusammenfassend lässt sich sagen, dass Muskeln nicht isoliert, sondern im Team arbeiten. Dieses muskuläre Zusammenspiel nennt man Koordination. Sobald ein Teil dieses

Teams zu schwach, zu stark oder verkürzt ist, beeinflusst das automatisch die Qualität der Bewegung. Als direkte Folge davon können Leistungen, die unter optimalen Umständen möglich wären, nicht abgerufen werden. Langfristig treten an allen Strukturen Schäden auf, die an dieser ungünstigen Bewegung beteiligt sind.

Unter Koordination versteht man das effektive Zusammenspiel von Muskelbewegungen.

Eine wesentliche Aufgabe des Trainings ist es, die Koordinationsfähigkeit auf ein hohes Niveau anzuheben. Der Physiotherapeut schafft damit die Voraussetzungen, um intensive Trainingsbelastungen gefahrlos bewältigen zu können. Dabei wird er sich neben dem verletzten Bereich, z.B. dem Oberschenkelstrecker nach einem Kreuzbandriss, vor allem auf jene Muskeln des Körpers konzentrieren, die zur Abschwächung oder zu Verkürzungen neigen.

Zur Verkürzung neigende Muskeln

- Brustmuskulatur
- Nacken- und Schultermuskeln
- Handbeugemuskulatur (Unterarminnenseite)
- untere lange Rückenstrecker (Lendenwirbelsäule)
- Hüft-Lenden-Muskeln (Übergang Leiste/Oberschenkel)
- Innenseite der Oberschenkelmuskeln (Adduktoren)
- Rückseite der Oberschenkel (Ischiocrurale)
- Schienbeinmuskulatur
- Wadenmuskulatur

Verkürzte Muskeln sind oft das anfälligste Glied in der Bewegungskette und können ebenso wie Asymmetrien die Ursache dafür sein, wenn entfernte Muskeln, Seh-

nen oder Bänder unphysiologisch hoch belastet werden. Stellt der Physiotherapeut Muskelverkürzungen fest, erfolgt ein gezieltes Flexibilitätstraining (Dehnübungen).

Dehnübungen machen den Körper geschmeidiger und weniger anfällig für Verletzungen.

Oft reichen Dehnübungen allerdings nicht, denn entgegen der landläufigen Meinung können verkürzte Muskeln auch zu schwach sein und somit zusätzlich ein Krafttraining benötigen. Dabei muss unbedingt auf eine vollamplitudige Bewegungsausführung geachtet werden. Muskeln, die nicht über den vollen Bewegungsradius gekräftigt werden, neigen nämlich zu weiterer Verkürzung. Dagegen wirkt sich ein vollamplitudiges Krafttraining sogar positiv auf die Flexibilität aus.

Zur Schwäche neigende Muskeln

- Schultergürtelmuskulatur
- Kapuzenmuskel
- Rückenstrecker im Brustbereich
- komplette Bauchmuskelschlinge
- Gesäßmuskeln
- Kniegelenkstrecker
- Schienbeinmuskel
- Fußmuskeln

Diese oftmals abgeschwächten Muskeln müssen bei einem ungenügenden Trainingszustand gezielt gegen Widerstand über die volle Bewegungsamplitude gekräftigt werden. Das gilt besonders für die Bauch- und Gesäßmuskulatur. Beide Muskelgruppen spielen im Fußball sowohl für die Explosivkraft aber auch als Rumpfstabilisatoren eine überragende Rolle.

MUSKELTRAINING

Die Zeit beim Physiotherapeuten stellt den Übergang in den sportlichen Alltag dar. Spätestens dann müssen Sie die Verantwortung für Ihren Körper selbst übernehmen.

Zur Verletzungsprophylaxe gehört ein kompaktes, aber regelmäßiges Krafttraining an zwei Tagen in der Woche. Lassen Sie sich ein paar Übungen von Ihrem Physiotherapeuten zeigen, oder nutzen Sie die umfangreichen Möglichkeiten eines modernen Sportstudios. Achten Sie dabei jedoch auf eine individuelle Betreuung und lassen Sie sich nicht einfach in ein herkömmliches Fitnessprogramm zwängen. Sie müssen ganz gezielt an der Muskulatur arbeiten, die Sie auf dem Platz vor weiteren Verletzungen schützt und in Ihrer fußballerischen Leistung unterstützt.

Eine kräftige Muskulatur spielt eine entscheidende Rolle bei der Verletzungsprophylaxe.

Medizintipp

Gerade ältere Fußballspieler profitieren besonders von einem wichtigen Nebeneffekt des Krafttrainings: Ein Zuwachs an Muskelgewebe wirkt sich positiv auf die allgemeine Fitness aus. U.a. werden der Fett- und Glukosestoffwechsel günstig beeinflusst. Zudem fällt es Ihnen leichter Ihr Gewicht zu halten, wenn Sie viel Muskelgewebe aufgebaut haben.

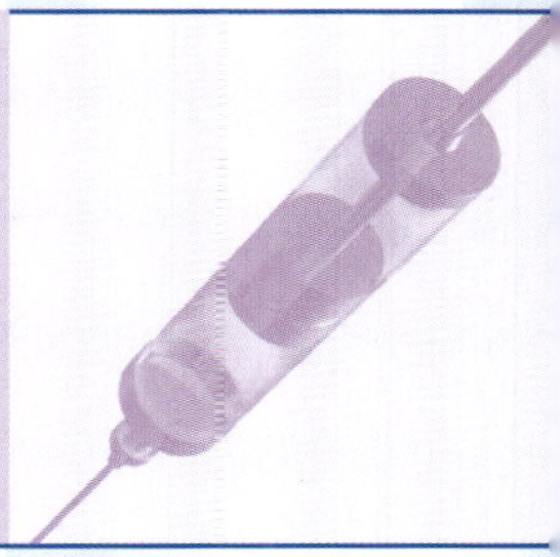

Fußballer leben von ihren Beinen. Im krassen Gegensatz zur leider immer noch weitverbreiteten Meinung macht ein Zuwachs an Kraft nicht langsamer, sondern schneller und explosiver. Also keine Angst, wenn die Schenkel ein wenig umfangreicher werden. Denken Sie einfach daran, dass mit jedem Millimeter Muskulatur auch der Schutzwall um ihre empfindlichen Kniegelenke wächst. Zu große Muskeln werden Sie auf keinen Fall bekommen.

Kniebeugen kräftigen die Beinmuskulatur und entlasten damit Problemzonen wie Knie oder Achillessehne.

Oberschenkelstrecker

Der Oberschenkelstrecker hat vier Muskelbäuche, deren Relief man bei entsprechend niedrigem Körperfettanteil sogar sehen kann. Für die Stabilität des Kniegelenks besonders wichtig sind der innere und der äußere Muskelbauch (m. vastus medialis und vastus lateralis). Idealerweise werden diese Bereiche durch das Training am Beinstrecker und durch komplexe Übungen wie die Kniebeuge und das Beinstrecken trainiert.

Oberschenkelbeuger

Auch der große Beinbizeps auf der Rückseite des Oberschenkels kann intensive Trainingsreize gut gebrauchen. Neben dem Gesäßmuskel spielt er eine Schlüsselrolle beim schnellen Antritt. Allerdings muss gerade dieser Bereich auch entsprechend gedehnt werden. Die Neigung der Muskulatur zur Verkürzung und zu Verletzungen ist hier besonders hoch.

Ein verkürzter Oberschenkelbeuger ist eine potenzielle Gefahr für die Kniegelenke.

Gesäß

Ein knackiges Gesäß bringt nicht nur optische Vorteile, sondern auch sportliche. Egal, ob für Sprünge oder für Sprints – im Gesäß sitzt das Zentrum der Kraft. Kniebeugen oder Ausfallschritte sorgen für einen schnellen Kraftzuwachs. Tiefe Kniebeugen gehören zu den effektivsten Übungen, die der Kraftsport zu bieten hat.

Trainingstipp

Wer bereits bei einer unbelasteten Kniebeuge das Gefühl hat, in der Hocke nach hinten zu fallen, weil er wegen einer verkürzten Wadenmuskulatur die Fersen vom Boden heben muss, sollte sich Hantelscheiben oder ein Stück Holz unter die Fersen legen. Dadurch kann die Übung stabil ausgeführt werden. Dehnen Sie die Waden, damit Sie die Hocke bald ohne Hilfe einnehmen können.

Bei bereits bestehenden Problemen mit der Kniescheibe oder der Patellasehne, sollte auf die klassische Kniebeuge verzichtet werden. Durch das Vorschieben des Unterschenkels bei der Abwärtsbewegung ist die Belastung des Knies bei dieser Übung besonders groß.

Rückenstrecker

Hypersextensions werden korrekterweise mit gebeugter Wirbelsäule durchgeführt.

Die Rückenstrecker sind wesentlich an der Stabilisierung der Wirbelsäule beteiligt. Das Rückgrat muss im Fußball einiges aushalten – vom frontalen Zusammenprall mit dem Gegner bis zur unsanften Landung auf dem Rasen. Hyperextensions eignen sich besonders gut zum Training der Rückenstrecker. Allerdings muss hier ganz besonders auf die richtige Ausführung geachtet werden. Die Wirbelsäule wird von unten nach oben abgerollt. Hyperextension mit geradem Rücken sind eine krankengymnastische Übung. Gesunde Wirbelsäulen müssen unserer Ansicht nach völlig anders trainiert werden als kranke. Für die Praxis bedeutet das, dass die Muskulatur um eine von Natur aus sehr bewegliche Wirbelsäule auch dynamisch und nicht nur statisch trainiert werden muss.

Schultergürtel

Kräftige Schultern ermöglichen eine große Dynamik bei Kopfbällen. Zum Schultergürtel gehört mehr als nur die Schulterkappen. Besonders schwach sind bei vielen Menschen sowohl der hintere Teil des Schultermuskels als auch der so genannte Trapezmuskel, der sich wie eine Kapuze vom Nacken bis zur Brustwirbelsäule zieht. Gerade dieser Bereich ist ohne Hanteln und Maschinen gar nicht so leicht zu trainieren. Falls nichts davon zur Verfügung steht, können Sie auch Tubes (Fitness-Bänder mit Griffen) verwenden.

DIE ANGST SPIELT MIT

Der Körper ist längst wieder hergestellt, doch bei jedem Ballkontakt sitzt die Angst vor einer erneuten Verletzung im Nacken. Die daraus resultierende Verkrampfung erhöht das Risiko für neuerliche Verletzungen. Schon in der Akutphase sollte daher immer auch die psychologische Komponente der Behandlung berücksichtigt werden.

Neben der Angst vor erneuter Verletzung oder Schmerz kann sich auch eine zu hohe Erwartungshaltung des Spielers an seinen Genesungsprozess nachteilig auswirken. Der menschliche Körper ist keine Maschine. Heilungsprozesse benötigen ihre Zeit. Besonders anfällig für eine zu hohe Erwartung sind Spieler, die Ihr Selbstvertrauen in erster Linie aus ihrer körperlichen Leistungsfähigkeit erzielen. Für sie ist es sehr schwer, nach einer langwierigen Verletzung wieder zur alten Form zu finden. Die vorübergehende Leistungseinbuße geht oft mit starken Selbstzweifeln und schwindendem Selbstvertrauen einher. Den behandelnden Ärzten bleibt kaum die Zeit, sich mit der Psyche jedes Patienten intensiv zu befassen. Selbst das persönliche Umfeld reagiert irgendwann gereizt, wenn es ständig als Prellbock für die Stimmungsschwankungen eines verletzten Fußballers herhalten muss. Dies sind denkbar schlechte Voraussetzungen für eine rasche Rückkehr in den normalen Spielbetrieb.

Die sportpsychologische Behandlung und Rehaprozesse müssen sich sinnvoll ergänzen.

Um den Spieler parallel zur körperlichen Heilung auch psychisch wieder auf sein früheres Leistungsniveau zu führen, können erfahrene Sportpsychologen neben Medizinern, Trainern und familiärem Umfeld eine wichtige Ergänzung sein. Sie dienen als Bindeglied zwischen einem verletzten Spieler und seiner engeren Umwelt. Sportpsychologen können dafür sorgen, dass Motivations- und Rehaprozesse sich nicht voneinander entfernen, sondern parallel laufen. Zudem verfügen sie über ein ganzes Spektrum an Maßnahmen zur gezielten Angstkontrolle.

Im Focus

Gut gewappnet

Die Muskulatur spielt eine wichtige Rolle bei der Verletzungsprophylaxe. Muskeln stützen und schützen anfällige Strukturen wie Gelenke, Sehnen und Bänder. Je leistungsfähiger die Muskeln und die allgemeine konditionelle Verfassung sind, umso besser können die normalen Belastungen, die während eines Spiels auftreten – Tacklings, Umknicken, abruptes Abstoppen –, schonend abgeleitet werden. Umgekehrt treffen diese Belastungen bei ungenügend trainierten Muskeln nahezu ungefiltert auf den passiven Bewegungsapparat. Das soll jedoch kein Plädoyer für ein ungestümes, unkontrolliertes Krafttraining sein. Ausschlaggebend ist vielmehr eine möglichst funktionelle Kräftigung der im Fußball wichtigen Muskeln unter fachlicher Anleitung.

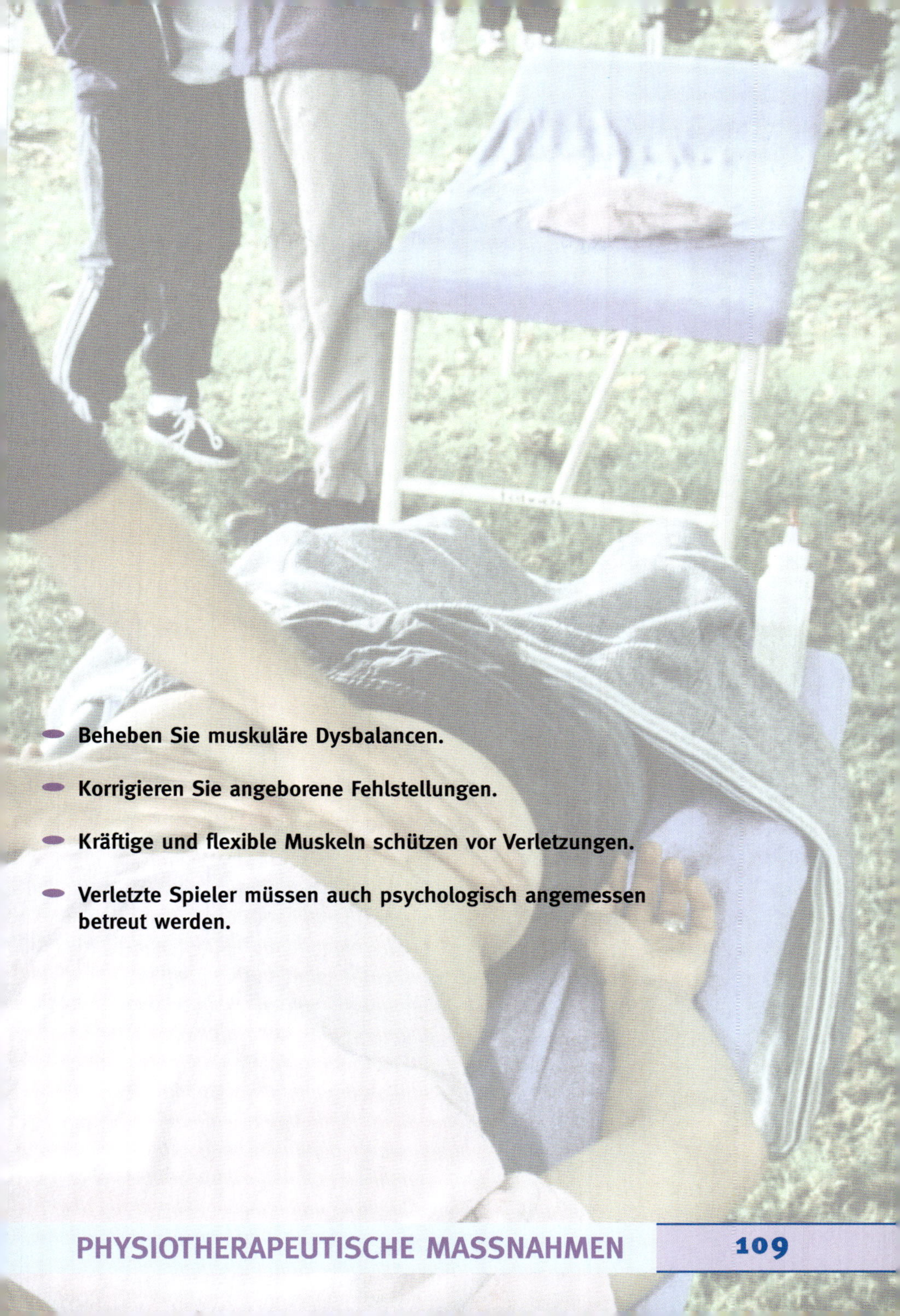

- **Beheben Sie muskuläre Dysbalancen.**
- **Korrigieren Sie angeborene Fehlstellungen.**
- **Kräftige und flexible Muskeln schützen vor Verletzungen.**
- **Verletzte Spieler müssen auch psychologisch angemessen betreut werden.**

AUSRÜSTUNG UND NOTFALLREGELN

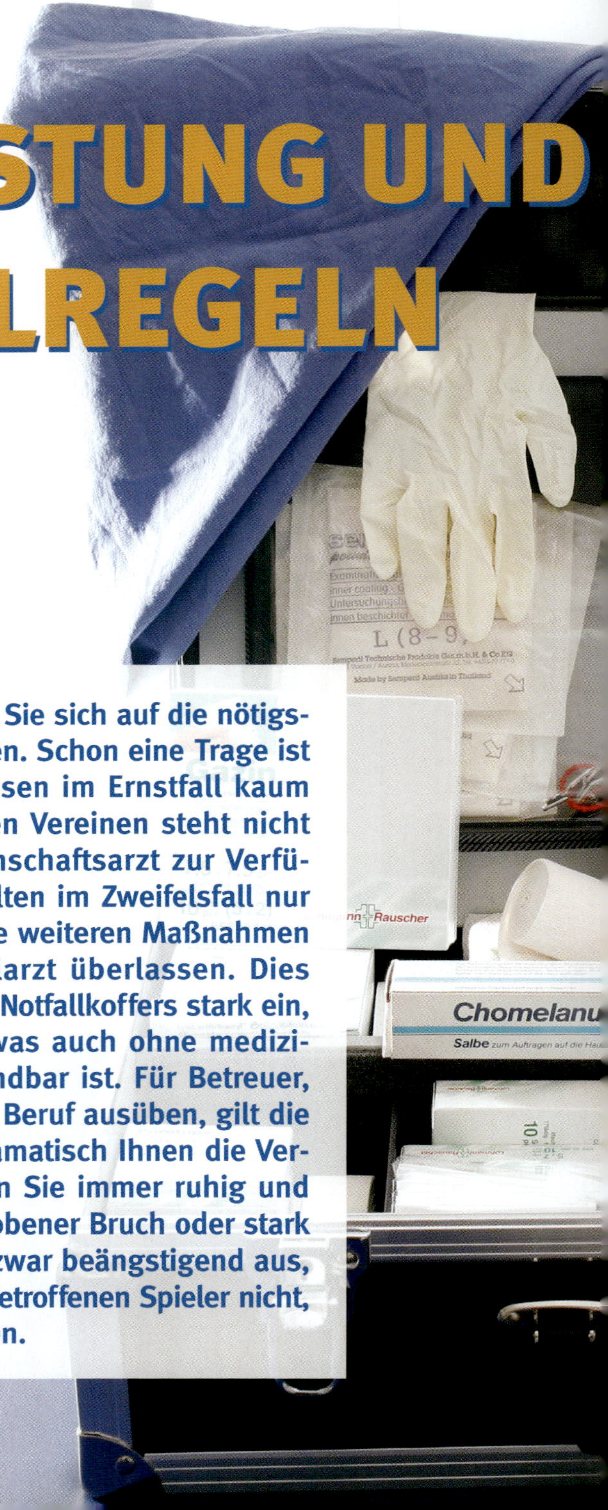

Am Spielfeldrand müssen Sie sich auf die nötigste Ausrüstung beschränken. Schon eine Trage ist in den unteren Spielklassen im Ernstfall kaum aufzutreiben. Den meisten Vereinen steht nicht einmal ein eigener Mannschaftsarzt zur Verfügung. Nichtmediziner sollten im Zweifelsfall nur Erste Hilfe leisten und alle weiteren Maßnahmen einem erfahrenen Unfallarzt überlassen. Dies schränkt den Inhalt eines Notfallkoffers stark ein, der nur enthalten darf, was auch ohne medizinische Ausbildung anwendbar ist. Für Betreuer, die keinen medizinischen Beruf ausüben, gilt die Regel: Ganz egal, wie dramatisch Ihnen die Verletzung erscheint, bleiben Sie immer ruhig und zuversichtlich. Ein verschobener Bruch oder stark blutende Wunden sehen zwar beängstigend aus, trotzdem helfen Sie dem betroffenen Spieler nicht, wenn Sie nervös reagieren.

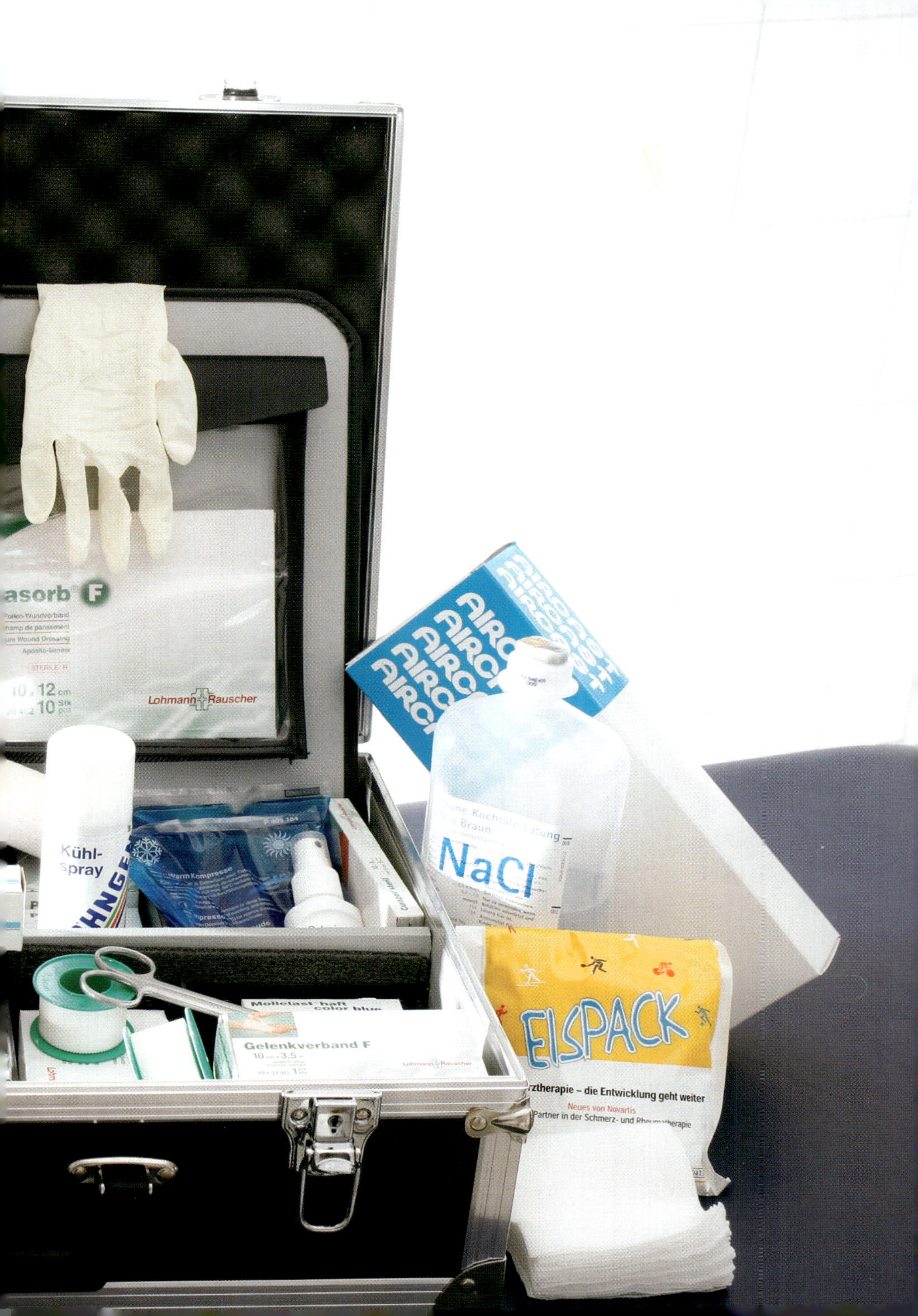

Lohmann Rauscher
Kühl-
spray
NaCl
Gelenkverband F
EISPACK
Neues von Novartis

IMMER GUT GERÜSTET

Die nachfolgend aufgeführten Materialien und Ausrüstungsgegenstände sollten Sie sowohl beim Training als auch bei jedem Spiel immer griffbereit haben.

Inhalt eines Notfallkoffers

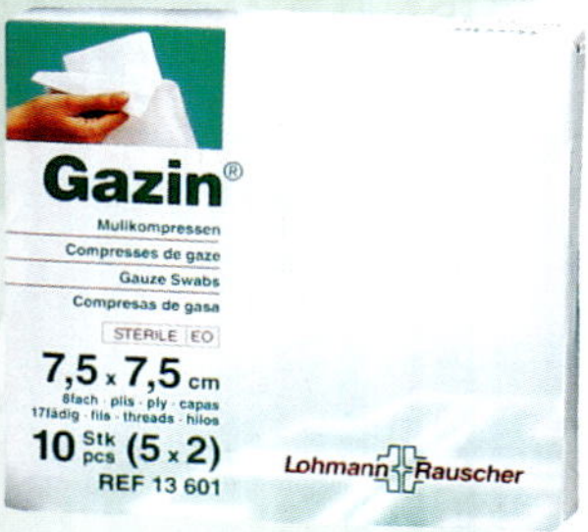

- Sterile Wundpflaster
- Sterile Mullkompressen (in verschiedenen Größen)
- Elastischer selbsthaftender Haftverband (damit werden Binden oder Pflaster auf der Wunde fixiert, die sonst durch das starke Schwitzen beim Sport leicht verrutschen würden)
- Elastische Bandagen (in mindestens zwei verschiedenen Breiten: 4 cm und 8 cm)
- Tapematerial in 2 cm und 3,8 cm Breite
- Heftpflaster
- Verbandschere
- Einmalhandschuhe
- Dreieckstuch
- Eventuell Gewebekleber (zum Verschließen von kleinen Platz- oder Risswunden, z.B. Dermabond® oder Histoacryl®)
- Eventuell ein Klammernahtgerät (zum schnellen Verschluss von Wunden)
- Kühlpacks oder Eispack (letzteres muss nur geknickt werden und kühlt dann automatisch; damit erspart man sich die Kühltasche)

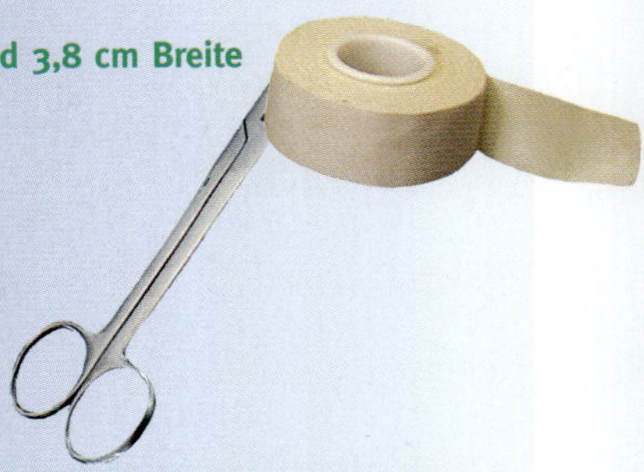

Ein richtig gepackter Notfallkoffer sollte immer bereit stehen.

- Eisspray (sollte nur bei oberflächlichen Hautabschürfungen zur Schmerzlinderung eingesetzt werden; bei Muskelverletzungen reicht der Kältereiz nicht tief genug ins Gewebe)
- Desinfektionsspray, z.B. Octenisept® (brennt nicht auf der Wunde)
- Kochsalzlösung zur Wundreinigung
- Sprunggelenksorthese, z.B. Aircast
- Handgelenksorthese, z.B. epX-Wrist dynamic
- Schmerzmittel, z.B. Novalgin
- Salben für Verstauchungen, Prellungen, Blutergüsse, z.B. Heparinsalbe

PECH-REGEL

Die richtigen Sofortmaßnahmen bei den meisten Sportverletzungen lassen sich am besten mit der so genannten PECH-Regel einprägen:

Die Dicke der verletzten Muskulatur entscheidet über die Dauer des Kältereizes. Generell gilt: tiefenwirksam und langanhaltend kühlen.

P ⇛ Pause
Bis zur genauen Abklärung der Verletzung muss der verletzte Spieler das Spiel oder Training sofort abbrechen. Wenn möglich wird der verletzte Körperteil ruhig gestellt.

E ⇛ Eis
Der verletzte Bereich wird so schnell wie möglich gekühlt. Durch die Kälteanwendung verengen sich die Blutgefäße, so dass Blutungen und Schwellungen schneller abklingen. Außerdem lindern Kühl- oder Eispacks den Schmerz. Da die Kälte den Stoffwechsel verlangsamt, wird zudem die Ausdehnung eines Gewebeschadens unterbunden. Drücken Sie Kältepackungen niemals direkt auf die Haut, sondern legen Sie ein Tuch oder einige Kompressionsbinden dazwischen. Ist im Notfall keine spezielle Kältepackung zur Hand, reichen auch einfache kalte Umschläge.

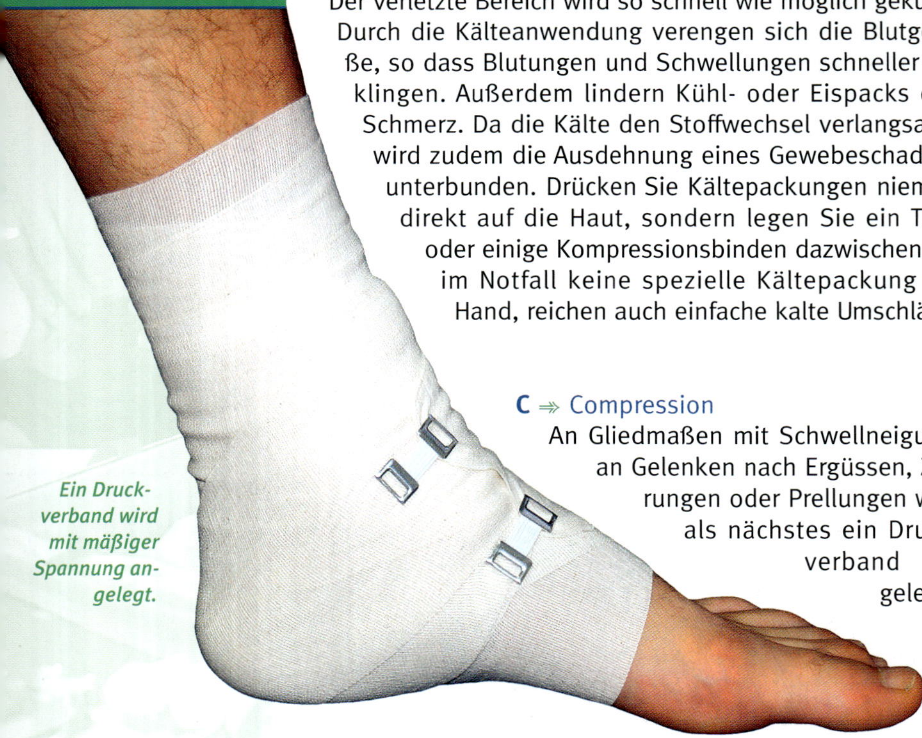

Ein Druckverband wird mit mäßiger Spannung angelegt.

C ⇛ Compression
An Gliedmaßen mit Schwellneigung, an Gelenken nach Ergüssen, Zerrungen oder Prellungen wird als nächstes ein Druckverband angelegt.

H ⇛ Hochlagern
Um die Blutzufuhr zu verringern sowie Flüssigkeiten, die in das umliegende Gewebe ausgetreten sind, schneller abzutransportieren, wird der verletzte Körperbereich hoch gelagert. Durch die Hochlagerung klingen zudem Schwellungen und damit verbundene Schmerzen besser ab.

ÜBEN FÜR DEN NOTFALL

Lebensbedrohliche Verletzungen sind beim Fußball extrem selten, aber nicht völlig auszuschließen. Wenn zwei schwere Sportler aus vollem Lauf unglücklich zusammenprallen, treten extreme Kräfte auf, die im Einzelfall zu schweren Kopfverletzungen führen können. Dann kommt es auf jede Sekunde an.

Medizintipp

Denken Sie daran, dass Erste Hilfe Leben rettet. Da sich viele Menschen unsicher sind, unterbleiben diese einfachen Maßnahmen leider häufig. Besuchen Sie deshalb einen Erste-Hilfe-Kurs. Dort wird Ihnen gezeigt, mit welchen Maßnahmen Sie im Notfall Menschenleben retten können. Liegt Ihr letzter Erste-Hilfe-Kurs schon längere Zeit zurück, empfiehlt sich ein Auffrischungskurs.

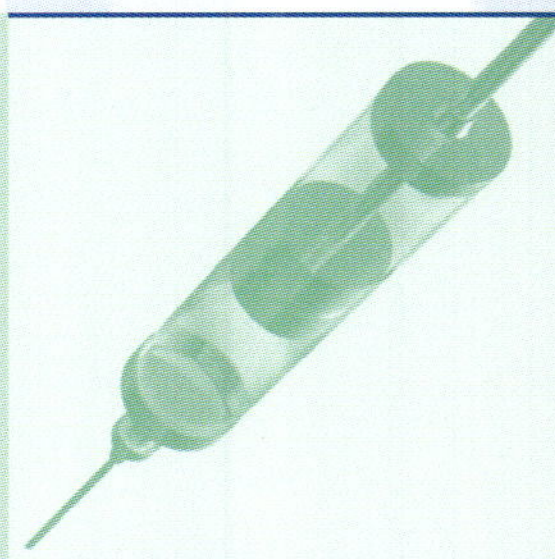

Da diese Extremsituationen beim Fußball selten vorkommen, lösen sie bei Helfern meistens großen Stress aus. Damit selbst unter diesen Bedingungen jeder Handgriff sitzt, müssen die wichtigsten Maßnahmen regelmäßig geübt werden. Konsequentes und rasches Handeln erfordern vor allem ernsthafte Herz-Kreislaufstörungen sowie stark blutende arterielle Verletzungen.

Im Folgenden geben wir Ihnen einen kleinen Überblick über die wichtigsten Leben erhaltenden Maßnahmen. Sie stellen lediglich eine Orientierungshilfe dar. In keinem Fall sind sie als Ersatz für einen praktischen Ausbildungskurs gedacht.

Eine erste Einschätzung der Situation erfolgt mit Hilfe des so genannten diagnostischen Blocks:

Der diagnostische Block dient zur Kontrolle der Vitalfunktionen bei einem Notfallpatienten.

1. Kontrolle des Bewusstseins

Sprechen Sie den Spieler laut an, rütteln Sie ihn an der Schulter oder kneifen Sie ihn in den Unterarm (Schmerzreiz). Reagiert er darauf nicht, liegt eine Bewusstlosigkeit vor. Es besteht akute Lebensgefahr. Alamieren Sie sofort den Rettungsdienst.

2. Kontrolle der Atmung

Da im Fall einer Bewusstlosigkeit die Muskulatur erschlafft, besteht die Gefahr, dass die Zunge in den Rachen rutscht und die Atemwege versperrt. Erster Schritt ist somit das Freimachen der Atmenwege. Atmet der Patient danach, wird er in die stabile Seitenlage gebracht (siehe Seite 118). Atemstillstand oder Schnappatmung kündigen einen Sauerstoffmangel an.

3. Kontrolle des Pulses/Kreislaufs

Tasten Sie den Puls erst links dann rechts jeweils für maximal 10 Sekunden an der Halsschlagader (Arteria Carotis). Da bei der Pulskontrolle durch Laien eine hohe Fehlerquote auftritt, sollten auch allgemeine Zeichen einer Kreislauffunktion berücksichtigt werden (z.B. Schlucken oder Bewegungen des Verletzten). Sind keine Lebenszeichen vorhanden, beginnen Sie mit der Herz-Lungen-Wiederbelebung (Herzdruckmassage und Beatmung).

Alarmieren Sie parallel zu diesen Maßnahmen immer sofort den Notarzt unter 112. Diese Nummer sollten Sie nie vergessen. Informieren Sie die Rettungsleitstelle in kurzen und präzisen Worten über das Unfallgeschehen und die Auswirkungen auf den Spieler.

Die fünf W beim Notruf

- **Wo ist der Unfall?**
- **Was ist geschehen?**
- **Wie viele Personen sind zu versorgen?**
- **Welche Verletzungen oder Symptome haben die Betroffenen?**
- **Warten Sie auf Rückfragen der Notrufstelle.**

Herz-Kreislauf- und/oder Atemstillstand

- Bewusstseinskontrolle durch lautes Ansprechen. Reagiert der Spieler nicht darauf, setzen Sie einen Schmerzreiz (z.B. in den Unterarm oder in die Nasenwurzel kneifen). Nach Unfällen sollte der verletzte Spieler nicht geschüttelt werden.

- Legen Sie den verletzten Spieler flach auf den Boden. Überstrecken Sie den Kopf vorsichtig nach hinten. Halten Sie dabei mit den Fingerspitzen die Kieferknochen um zu verhindern, dass die Zunge nach hinten rutscht und somit eventuell die Atemwege blockiert. Inspizieren Sie den Rachen und befreien Sie die Mundhöhle von Erbrochenem oder Fremdkörpern.

Verwenden Sie Einmalhandschuhe, wenn Sie bei einem bewusstlosen Spieler den Rachen und die Mundhöhle untersuchen.

Kontrollieren Sie in dieser Position bis zum Eintreffen des Notarztes regelmäßig die Atmung:

- Hebt sich der Brustkorb?
- Atmet der Spieler aus? Um dies zu überprüfen, halten Sie Ihre Wange direkt über den Mund des Spielers.
- Sind Atemgeräusche zu hören?

Stabile Seitenlage

Die stabile Seitenlage wird durchgeführt, wenn jemand bewusstlos ist, aber noch atmet. Sie dient zur Freihaltung der Atmenwege. Erbrochenes oder Blut können ungehindert ablaufen, da der Kopf zum tiefsten Punkt des Körpers wird.

- **Knien Sie sich links neben den Bewusstlosen. Heben Sie die linke Hüfte leicht an und schieben Sie den linken Arm des Patienten so weit wie möglich unter dessen Körper.**
- **Beugen Sie das linke Bein an und stellen Sie den Fuß nahe ans Gesäß.**
- **Fassen Sie mit einer Hand die rechte Schulter und mit der anderen Hand die rechte Hüfte an. Ziehen Sie den Patienten vorsichtig und gleichmäßig nach links.**
- **Greifen Sie den linken Ellenbogen des Patienten und ziehen Sie den linken Arm vorsichtig unter dem Körper hervor. Der Bewusstlose liegt nun auf seiner linken Schulter.**
- **Fassen Sie den Kopf an Stirn und Kinn und beugen Sie ihn in den Nacken. Drehen Sie das Gesicht Richtung Boden und öffnen Sie den Mund.**

Ist keine Atemtätigkeit feststellbar, beginnen Sie mit der künstlichen Beatmung:

- Legen Sie eine Hand auf die Stirn des Verletzten und halten Sie mit zwei Fingern die Nase zu.

- Legen Sie die andere Hand auf das Kinn des Verletzten und überstrecken Sie den Nacken, so dass der Kopf leicht nach hinten fällt.

- Holen Sie tief Luft und pressen Sie Ihre Lippen auf den leicht geöffneten Mund des Verletzten.

- Pusten Sie die Luft kräftig in den Mund des Bewusstlosen.

Wenn Sie alles richtig gemacht haben, sollte sich jetzt der Brustkorb des Betroffenen heben. Geschieht dies nicht, haben Sie zu wenig Luft in den Verletzten geatmet. Achten Sie darauf, dass Ihre Lippen bei der Atemspende den Mund des Betroffenen richtig verschließen und der Kopf des Verletzten weit genug nach hinten überstreckt.

Die Beatmung soll verhindern, dass der Körper des Bewusstlosen durch Sauerstoffmangel Schäden erleidet.

Wiederholen Sie die Atemspende in gleichbleibendem Rhythmus bis zum Eintreffen des Notarztes. Setzt die Atmung des Betroffenen vorher ein, bringen Sie ihn in die stabile Seitenlage.

Pulskontrolle

Im Fall einer Bewusstlosigkeit ist es oft schwierig festzustellen, ob das Herz des Spielers noch schlägt. Ein sehr flacher Puls ist am Handgelenk kaum noch tastbar, vor allem für einen Betreuer, der unter wachsendem Stress steht. Vergeuden Sie daher keine unnötige Zeit, sondern ertasten Sie mit Ihren Fingerspitzen vom Adamsapfel aus die Vertiefung neben der Luftröhre (Halsschlag-

Der Druck auf das Brustbein erfolgt senkrecht von oben und sollte aus den Hüften heraus ausgeführt werden.

ader). Ist an dieser Stelle kein Puls mehr zu spüren, müssen Sie versuchen, das Herz mittels Druckmassage wieder in Gang zu bringen.

- Legen Sie den Brustkorb des Spielers frei.
- Suchen Sie den richtigen Druckpunkt: Setzen Sie den Ballen einer Hand in die Mitte der unteren Brustbeinhälfte.
- Legen Sie den Ballen der anderen Hand auf den Rücken der untern Hand. Strecken Sie die Finger hoch, damit Sie keinen Druck auf die Rippen ausüben.
- Drücken Sie den Brustkorb mit gestreckten Armen kräftig ein. Wenn der Brustkorb unter Ihrem Druck nicht ca. 4-5 cm nachgibt, müssen Sie fester drücken.
- Wiederholen Sie die Druckbewegung etwa 100 mal pro Minute.
- Wenn Sie gleichzeitig eine Herzdruckmassage und eine Atemspende durchführen müssen, teilen Sie sich die Aufgabe mit einem Spieler oder Trainer, damit Sie nicht aus dem Rhythmus kommen. Das richtige Verhältnis zwischen Herzdruckmassage und Beatmung ist 15:2.

Fahren Sie mit der Herzdruckmassage fort, bis der Notarzt kommt. Kontrollieren Sie dazu immer wieder den Puls des Bewusstlosen.

Starke arterielle Blutungen

Auf die Erstversorgung von Blutungen, die im Zusammenhang mit Haut- oder Muskelverletzungen auftreten, sind wir bereits eingegangen. Dramatischer sind Blutungen, wenn eine Arterie verletzt wurde. Dies kann innerhalb kürzester Zeit zu lebensbedrohlichen Blutverlusten führen. Rasches, entschlossenes Handeln ist daher besonders wichtig.

- Drücken Sie ein steriles Tuch direkt auf die Wunde. Ist kein passender Verband zur Stelle, üben Sie mit Ihrer Hand starken Druck auf die Wunde aus, bis der Notarzt den Spieler übernimmt.

- Kleinere Wunden können auch verbunden werden. Nehmen Sie einen durchbluteten Verband nicht mehr ab, um ihn durch einen neuen zu ersetzen, sondern binden Sie den neuen Verband über den alten. Üben Sie dabei so starken Druck aus, dass die Blutung zum Stillstand kommt. Machen Sie sich keine Gedanken über das Absterben von Gliedmaßen – dazu ist die Zeit bis zum Eintreffen des Notarztes zu kurz. Sie können also nicht zu fest, sondern nur zu locker wickeln. Vorrangiges Ziel ist es, die Blutung zu stoppen.

- Die Blutungsneigung reduziert sich automatisch, wenn der betroffene Körperteil hoch gelagert werden kann und der Bereich unterhalb der Wunde mit Eispacks stark gekühlt wird. Dazu wird der Spieler am besten in die Schocklage gebracht (der Kopf ist tiefer als Beine und Oberkörper).

Zum Glück sind lebensbedrohliche Verletzungen im Fußball selten. Die wichtigsten Erste-Hilfe-Maßnahmen sollte trotzdem jeder beherrschen.

Im Focus

Grenzen der Ersten Hilfe

Den gut ausgebildeten und erfahrenen Mannschaftsarzt, der auf der Trainerbank sitzt, gibt es leider meist nur in den oberen Spielklassen. Bei der Mehrzahl der Spiele muss man im Ernstfall schon froh sein, wenn überhaupt ein gut gefüllter Notfallkoffer zur Hand oder ein medizinischer Betreuer vor Ort ist. Dann stellt sich die Frage, wie gut dieser Betreuer ausgebildet ist. Beschränkt sich sein Wissen vielleicht auf einen Erste-Hilfe-Kurs, den er vor etlichen Jahren für seinen Führerschein absolvieren musste? Die Versorgung vieler Verletzungen erfordert nicht nur guten Willen, sondern auch das entsprechende Knowhow sowie eine Menge Erfahrung.

Kommen Sie aus keinem medizinischen Beruf und üben Sie trotzdem die Aufgabe eines Betreuers aus, ist dies aller Ehren wert. Gestehen Sie sich im Zweifelsfall jedoch ein, wenn Sie mit Ihrem Latein am Ende sind. Greifen Sie lieber einmal zu früh zum Handy und wählen die 112 als einmal zu spät.

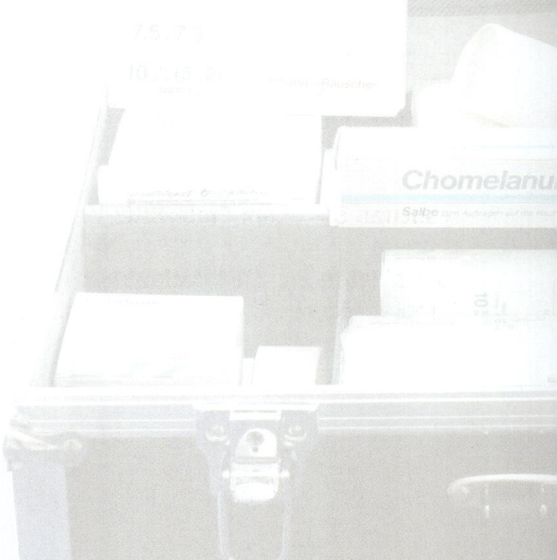

- Überprüfen Sie regelmäßig den Inhalt des Notfallkoffers.
- Beachten Sie bei Sportverletzungen die PECH-Regel: Pause, Eis, Compression, Hochlagern
- Besuchen Sie einen Erste-Hilfe-Kurs.
- Kontrollieren Sie die Vitalfunktionen eines Verletzten mit Hilfe des diagnostischen Blocks: Bewusstsein, Atmung, Kreislauf.

MASSNAHMEN

Kleine offene Wunden

- Reinigen
- Desinfizieren
- Pflaster anbringen
- selbsthaftenden Verband über das Pflaster wickeln

Im weiteren Verlauf: Überprüfung des Tetanusschutzes und regelmäßiger Verbandwechsel

Größere offene Wunden

- Reinigen
- Desinfizieren
- Wunde mit Gaze abdecken
- Wundverschluss durch Wundkleber oder Klammern bzw. Nähen

Im weiteren Verlauf: Überprüfung des Tetanusschutzes

Hitzeschäden

- für eine kühle Umgebung sorgen (Schatten)
- Beine hoch lagern
- großflächige Kühlung mit kalten Umschlägen
- auf eine ausreichende Flüssigkeits- und Mineralstoffzufuhr achten

AUF EINEM BLICK

Muskelverletzungen

- Ruhigstellen
- Kühlen
- Kompressionsverband anlegen
- Hochlagern

Sehnenverletzungen

- Ruhigstellen
- Kühlen
- Hochlagern

Gelenkverletzungen

- Ruhigstellen
- Entlasten
- Schwellung mit Eispacks kühlen

Wichtig: Ein ausgerenktes Gelenk soll nur ein Arzt einrenken!

Knochenverletzungen

- Offene Brüche mit einer keimfreien Wundauflage bedecken
- Ruhigstellen
- Schwellung mit Eispacks kühlen

Anhang

ADRESSEN, DIE WEITERHELFEN

Deutsche Gesellschaft für Sportmedizin und Prävention
(Deutscher Sportärztebund) e.V.
Geschäftsstelle
Hugstetter Straße 55
79106 Freiburg
www.dgsp.de

Deutsches Rotes Kreuz
Generalsekretariat
Carstenstraße 58
12205 Berlin
www.drk.de

Dr. med. Andreas Schur
Prinzenstraße 5
47179 Duisburg-Walsum

Lohmann & Rauscher GmbH & Co. KG
Postfach 2343
56513 Neuwied
www.lohmann-rauscher.com

Wir danken der Firma Lohmann & Rauscher aus Neuwied für die tatkräftige und professionelle Unterstützung. Der Medizinproduktehersteller bietet ein umfangreiches sportmedizinisches Sortiment.

Literatur

Frank, Gerhard: *Fußball – Trainingsprogramme*. Aachen: Meyer & Meyer Verlag (2003)

Meier, Ralf: *Krafttraining für Fußballer*. Aachen: Meyer & Meyer Verlag (2005)

Schur, Andreas: *Taping – Einsatz im Sport*. Aachen: Meyer & Meyer Verlag (2005)

Wegner, Uwe: *Sportverletzungen*. Hannover: Schlütersche Verlagsgesellschaft (2003)

Zimmermann, Klaus: *Gesundheitsorientiertes Muskeltraining*. Schorndorf: Hofmann (2000)

Bildnachweis

Covergestaltung und Satzlayout: Jens Vogelsang, Aachen

Coverfotos: U1 – dpa Picture-Alliance, Frankfurt
U4 – Yavuz Arslan/imageattack, Witten

Adobe Image Library: 25, 33
Yavuz Arslan/imageattack, Witten: 18/19, 38/39, 46, 51, 63, 65, 72/73, 77, 80, 87, 89, 90, 93, 94/95, 99, 100, 104, 106, 110/111, 112, 113, 122/123
EyeWire Images: 11, 14
Daniel Kölsche/photoplexus, Bonn/Lünen: 96/97, 108/109
Lohmann & Rauscher: 44, 45, 48, 49, 74, 84
Ralf Meier: 21, 30
mev Verlag, Augsburg: 40/41, 54/55, 56/57, 70/71
Pixelquelle.de: 8/9, 16/17, 85
Andreas Schur: 37, 43, 69, 121
Sebastian Schur: 23, 85u., 114, 127

Marginalien: links: Kapitel 1, 7 mev Verlag, Augsburg; Kapitel 2–6 Yavuz Arslan/imageattack, Witten; rechts: Yavuz Arslan/imageattack, Witten